Tillmann Luther

So hilft positiver Glaube

Tillmann Luther

So hilft positiver Glaube

Eine Anleitung zum Optimismus

Fromm Verlag

Impressum / Imprint
Bibliografische Information der Deutschen Nationalbibliothek: Die Deutsche Nationalbibliothek verzeichnet diese Publikation in der Deutschen Nationalbibliografie; detaillierte bibliografische Daten sind im Internet über http://dnb.d-nb.de abrufbar.

Bibliographic information published by the Deutsche Nationalbibliothek: The Deutsche Nationalbibliothek lists this publication in the Deutsche Nationalbibliografie; detailed bibliographic data are available in the Internet at http://dnb.d-nb.de.

Coverbild / Cover image: www.ingimage.com

Verlag / Publisher:
Fromm Verlag
ist ein Imprint der / is a trademark of
OmniScriptum GmbH & Co. KG
Heinrich-Böcking-Str. 6-8, 66121 Saarbrücken, Deutschland / Germany
Email: info@frommverlag.de

Herstellung: siehe letzte Seite /
Printed at: see last page
ISBN: 978-3-8416-0427-9

Inhalt

Vorwort

Wenn dein Leben ein Film wäre, was wärst du dann?
Ein Katastrophenfilm? Eine Tragikomödie? Ein langweiliger Streifen zum Einschlafen wegen seiner ständigen Wiederholungen? Ein Film mit oder ohne Happyend?
Für jemanden, der positiv an Gott glaubt, ist der Fall klar:
Dein Lebensfilm wird ein Happyend haben- und zwar mit hoffnungsvollen Ausstrahlungen schon jetzt, hier und heute. Dieses Buch will eine Anleitung und Hilfestellung dazu sein, positiv zu glauben und diesen Glauben zu leben.

Ich danke besonders meiner Frau Annette, welche mir bei meinen Predigten immer wieder mit Rat und Tat zur Seite steht. Ihr sei darum dieses Buch gewidmet.

Ebenso danke ich der Deutschen Bibelgesellschaft, dass sie mir den Abdruck der Bibeltexte genehmigt hat. Die Texte entstammen der Lutherbibel, revidierter Text 1984, durchgesehene Ausgabe (c) 1999 Deutsche Bibelgesellschaft, Stuttgart.

Tillmann Luther

Visp, im Dezember 2013

„Wähle den perfekten Wegweiser!“ 2. Mose 13, 17-22

17Als nun der Pharao das Volk hatte ziehen lassen, führte sie Gott nicht den Weg durch das Land der Philister, der am nächsten war; denn Gott dachte, es könnte das Volk gereuen, wenn sie Kämpfe vor sich sähen, und sie könnten wieder nach Ägypten umkehren. 18 Darum ließ er das Volk einen Umweg machen und führte es durch die Wüste zum Schilfmeer. Und Israel zog wohlgeordnet aus Ägyptenland. 19 Und Mose nahm mit sich die Gebeine Josefs; denn dieser hatte den Söhnen Israels einen Eid abgenommen und gesprochen: Gott wird sich gewiss euer annehmen; dann führt meine Gebeine von hier mit euch fort. 20 So zogen sie aus von Sukkot und lagerten sich in Etam am Rande der Wüste. 21 Und der HERR zog vor ihnen her, am Tage in einer Wolkensäule, um sie den rechten Weg zu führen, und bei Nacht in einer Feuersäule, um ihnen zu leuchten, damit sie Tag und Nacht wandern konnten. 22 Niemals wich die Wolkensäule von dem Volk bei Tage noch die Feuersäule bei Nacht.

Vor einiger Zeit wollen Bekannte uns hier in Visp, im Wallis, besuchen. Sie machen gerade Ferien in Füssen im Allgäu. „Das ist nicht weit, so etwa vier Stunden Fahrt“, denken sie. Unterwegs sind unsere Bekannten allmählich unsicher über ihre Reiseroute geworden. Darum ist der Vater der Familie aus dem Auto ausgestiegen und in einem Lokal fragen gegangen: „Entschuldigung, wo kommt man denn hier ins Wallis?“ Erst schweigen alle Leute im Lokal. Dann antworten die Anwesenden auf Italienisch. Schnell macht unser Bekannter die Tür wieder zu. Er ist tatsächlich in Verbania in Oberitalien gelandet. Und halt dich fest: aus den geplanten vier Stunden Fahrt werden wegen Umwegen 14 Stunden.
Völlig erschöpft kommen unsere Freunde endlich bei uns im Wallis an. Nur durch Raclette und Walliser Wein können wir sie wieder auf die Beine bringen. Umwege können in der Tat sehr mühsam sein!

Doch wenn du unseren Bibeltext betrachtest, kannst du dich fragen: Ist Gott nicht ein regelrechter Fan von Umwegen? -Die Lage ist folgende: Der Pharao zwingt die Israeliten zum Frondienst. Gott erteilt darum Mose den Auftrag, das Volk Israel aus Ägypten herauszuführen. Doch was für eine Reiseroute wählt Gott? Die kürzeste Verbindung zwischen Ägypten und dem Zielort Kanaan führt an der Mittelmeerküste entlang. Gott aber macht einen völligen Umweg nach Sukkot und Etam. Dieser Weg steht fast im rechten Winkel zum schnellsten Weg. Unser Thema ist: **„Wähle den perfekten Wegweiser“.**

Ich frage dich auf diesem Hintergrund: Warum ist Gott tatsächlich ein perfekter Wegweiser? Nun, bei Gott darfst du wirklich drei Sachen immer wissen:
Gott hat den Überblick! Das ist das Erste.

Gott hat den Überblick. Darum führt er seine Leute durchaus auch auf Umwegen. Gott weiss, im Moment ist ein Umweg für sein Volk besser. Als ehemalige Sklaven sind die Israeliten zu schwach für eine Auseinandersetzung mit den feindlichen Philistern.
Darum bewahrt Gott sein Volk vor dieser Situation, damit seine Leute nicht wieder entmutigt nach Ägypten zurückkehren.

Gott hat den Überblick. Darum kann er auch dich auf -dem ersten Anschein nach- unverständlichen Wegen führen. Wege, die am Ende jedoch sinnvoll für dich sind. Auch wenn wir das im ersten Moment nicht verstehen:
Da ist eine nicht bestandene Prüfung am Ende für dich eine lehrreiche Erfahrung.
Da ist ein anfangs schwieriger Berufswechsel, der dich am Ende dort hinführt, wo du am rechten Platz bist.
Da ist eine nicht zustande gekommene Beziehung, damit du dann die wahre Liebe deines Lebens findest.

-Stichwort „wahre Liebe“: **Gott hat den Überblick.** Darum führt Gott echt erstaunliche Wege. Ich kenne zwei Paare im Oberwallis, die ich getraut habe. Beide Paare sind Schweizer und haben sich jeweils in Australien kennengelernt-erstaunlicherweise 16 000 km vom Wallis entfernt!

Gott hat den Überblick. Darum führt er durchaus auch zum Schmunzeln anregende Wege. Der bekannte Erfinder Percy Spencer entwickelt in den 40er Jahren des letzten Jahrhunderts Radaranlagen. Während er an einer Radaranlage arbeitet, hat er plötzlich ein seltsames Gefühl am Bein. Er greift in die Hosentasche und merkt, dass sein eingesteckter Schokoriegel am Schmelzen ist. Gut, seine Hose muss er wechseln. Aber über diesen Umweg wird er erfunden. Und viele haben ihn zu Hause! Du vielleicht auch: Wen? Den Mikrowellenherd.

Gott hat den Überblick. Darum führt er geniale Wege.
Der genialste Weg Gottes ist das Kreuz. Sogar bis in den Tod geht sein Sohn Jesus Christus hinein, um wieder aufzuerstehen. Gott macht das, damit du erlöst und gerettet wirst, damit du Frieden in deinem Herzen hast! Weil du dich nicht selbst erlösen kannst, übernimmt Gott das für dich! Ist das nicht genial?

Gott hat den Überblick. Darum geht er Umwege, aussergewöhnliche Wege, im ersten Moment unverständliche, erstaunliche und geniale Wege.
Geh doch einmal dein Leben durch. Und frage dich: Gibt es da auch solche im Rückblick besonderen Wege Gottes?

Wege,
-die dich weitergebracht haben
-die dir geholfen haben
-die deinen Glauben haben reifen lassen?
Wege, für die du Gott danken kannst? Oder vielleicht steckst du ja gerade aktuell in so einem Umweg drin?
Vertrau darauf: Gott ist der perfekte Wegweiser. **Darum hat er den Überblick**. Das ist das Erste.

Und nun das Zweite: Gott ist der perfekte Wegweiser. **Denn er geht mit.** Der Wegweiser zeigt normalerweise nur die Richtung an. Aber er selbst geht den Weg nicht mit. Anders bei Gott! **Denn Gott geht mit**.

Letzten Herbst habe ich es gewagt. Da bin ich zum ersten Mal in meinem Leben mit einem Gleitschirm geflogen. Von der Fiescheralp. Ich hatte beim Start zwar fast einen Schuh verloren. Das wichtigste aber: Ich hatte ihn dabei. Den Fachmann. Den Chef der Flugschule, er ist mit mir mitgeflogen. Wie eine Kängurumutter mit ihrem Jungen im Beutel ist er mit mir von der Fiescheralp aus 2000m ins Tal geflogen.

Genauso ist das bei Gott! **Denn er geht mit**. Tagsüber zieht der Herr in einer Wolkensäule vor seinem Volk her, um ihnen den Weg zu zeigen, und nachts ist er in einer Feuersäule bei ihnen, um ihren Weg zu erhellen. Gott führt sein Volk persönlich. Er ist bei seinen Leuten. Gott will auch dein Wegbegleiter sein.

Vor zwei Monaten ist es erschienen:
Das Buch von Kurt Lauber. Er ist Hüttenwirt am Fusse des Matterhorns.
Gleichzeitig ist er aber auch Bergführer und Bergretter.
in aller Frühe die Bergsteiger von der Hörnlihütte aufbrechen, ist das fast so wohlgeordnet wie beim Auszug der Israeliten aus Ägypten. Vorne laufen die erfahrenen Bergführer mit ihren Kunden, dann kommen die jüngeren Bergführer mit ihren Kunden und ganz zum Schluss laufen die Leute ohne Führer. Kurt Lauber rät dringend aus eigener Erfahrung, nie ohne Führer zu gehen. Am besten ist es daher, einen erfahrenen Wegweiser an seiner Seite zu haben.
Mach das genauso! Vertrau dich dem besten Wegweiser an, den es für dich geben kann.
Schliess dich Jesus Christus an. Lass ihn dein Wegweiser und dein Retter sein.
Und dann pack sie an:
-die Herausforderungen der neue Woche
-die Probleme, die sich dir stellen
-die Aufgaben, die vor dir liegen.
Denn Gott geht mit!

Gott ist der perfekte Wegweiser. Denn er hat den Überblick- Denn er geht mit. Und nun noch das DRITTE: **Gott ist der perfekte Wegweiser: Denn auf ihn ist Verlass.**
Woran erkennst du, dass jemand wirklich verlässlich ist? Vor einiger Zeit besuche ich mit meiner Familie das berühmte Schloss Neuschwanstein. Riesige Mengen von Touristen sind unterwegs. Ein älterer Mann aus Italien hat sich offensichtlich verlaufen. Rate mal, wen er sich aus der Menge der unzähligen Besucher herauspickt, um nach dem Weg zu fragen? Du ahnst es: mich! – Warum? –Ich trage als einziger weit und breit eine Krawatte. Der Mann denkt: Krawatte ist gleich seriös, ist gleich verlässlich, ist gleich perfekter Wegweiser. Tatsächlich kann ich ihm sogar den richtigen Weg zeigen. Jetzt frage ich dich: Ist jeder Krawattenträger verlässlich?- Wohl kaum! Wann ist auf jemanden wirklich Verlass? -Wenn du wiederholt die Erfahrung machst, der nimmt sich wirklich deiner Sache an.

Gott wird sich gewiss euer annehmen. So wird Josef in unserem Bibeltext zitiert. Das hat Josef selbst erlebt. Seine eigenen Brüder verkaufen ihn aus Neid nach Ägypten. Doch Gott kümmert sich in perfekter Weise um Josef. Gott nützt den gemeinen Plan seiner Brüder zu einem grossartigen Aufstieg. Josef wird zum Retter seiner Leute und versöhnt sich am Ende mit seinen Brüdern. Das beweist: Gott nimmt sich seiner Leute an. Das hat Josef erlebt und das darfst du auch erleben.

Gott wird sich auch deiner Sache annehmen. Lass diesen Satz zu deinem Begleiter für die neue Woche werden. Sag dir diesen Satz jeden Morgen neu: „Gott wird sich meiner Sache annehmen".

Mir ist in letzter Zeit folgendes Wort wichtig geworden: „Wohin Gott uns führt, wissen wir nicht, wir wissen nur, dass er uns führt."
Dieser Satz ist nicht so einfach dahin gesagt. Er stammt von Edith Stein: Sie wurde als Christin mit jüdischen Wurzeln in ein KZ verschleppt. Gott hat ihr solch eine Kraft gegeben, dass sie sogar auf dem Weg in den Tod anderen beistehen und helfen konnte. **Auf Gott ist Verlass**. Mit ihm kannst du sogar das Untragbare tragen! Sogar, wenn es zum Letzten kommt.

Und darum: Wähle den perfekten Wegweiser, wähle Gott, denn:
-1 Er hat den Überblick! -2 Er geht mit! -3 Auf IHN ist Verlass! Amen.

„So bestehst du deine Herausforderungen.“ Daniel 6, 11ff:

11 Als nun Daniel erfuhr, dass ein solches Gebot ergangen war, ging er hinein in sein Haus. Er hatte aber an seinem Obergemach offene Fenster nach Jerusalem, und er fiel dreimal am Tag auf seine Knie, betete, lobte und dankte seinem Gott, wie er es auch vorher zu tun pflegte.

12 Da kamen jene Männer eilends gelaufen und fanden Daniel, wie er betete und flehte vor seinem Gott.

13 Da traten sie vor den König und redeten mit ihm über das königliche Gebot: O König, hast du nicht ein Gebot erlassen, dass jeder, der in dreißig Tagen etwas bitten würde von irgendeinem Gott oder Menschen außer von dir, dem König, allein, zu den Löwen in die Grube geworfen werden solle? Der König antwortete und sprach: Das ist wahr und das Gesetz der Meder und Perser kann niemand aufheben. ... Und sie warfen Daniel zu den Löwen in die Grube....

20 Früh am Morgen, als der Tag anbrach, stand der König auf und ging eilends zur Grube, wo die Löwen waren.

21 Und als er zur Grube kam, rief er Daniel mit angstvoller Stimme. Und der König sprach zu Daniel: Daniel, du Knecht des lebendigen Gottes, hat dich dein Gott, dem du ohne Unterlass dienst, auch erretten können von den Löwen?

22 Daniel aber redete mit dem König: Der König lebe ewig!

23 Mein Gott hat seinen Engel gesandt, der den Löwen den Rachen zugehalten hat, sodass sie mir kein Leid antun konnten; denn vor ihm bin ich unschuldig, und auch gegen dich, mein König, habe ich nichts Böses getan.

24 Da wurde der König sehr froh und ließ Daniel aus der Grube herausziehen. Und sie zogen Daniel aus der Grube heraus, und man fand keine Verletzung an ihm; denn er hatte seinem Gott vertraut.

Stell dir vor: Ein Zirkusdirektor will einen neuen Löwendompteur einstellen. Der Direktor fragt den Dompteur, „ob er auch seinen Kopf einem Löwen ins Maul legen würde?“- "Selbstverständlich kann ich meinen Kopf einem Löwen in den Rachen stecken!", sagt der Dompteur, "Soll ich gleich heute damit anfangen?" Darauf der Direktor: "Kommen Sie morgen, denn für heute haben wir schon jemand!" Wir mögen über diese Geschichte schmunzeln- und doch:

Löwen flössen uns Menschen grossen Respekt ein. Und auch in deinem Alltag können dir Löwen begegnen. Auch wenn sie nicht aus Fleisch und Blut sind. Überlege dir einmal: Was können Löwen in deinem Leben sein: Bestimmte Probleme, die dir unbezähmbar erscheinen. Bestimmte schwierige Situationen (eine Prüfung, eine Krankheit). Bestimmte eigene Gedanken: Du hast eine negative Einstellung oder da ist eine Sorge, die dich plagt.
Manche Löwen züchten wir uns sogar selbst heran.
Stell dir vor ein Mann sagt zu seinem Nachbarn: "Dein Hund ist ja zum Fürchten, wo hast du den denn her?" -Darauf der andere. "Der ist mir im Urlaub in Afrika zugelaufen. Ich habe ihm nur die Mähne abgeschnitten und mit zu mir nach Hause genommen..." So kann es gehen!
Das gibt es nämlich auch: Da sind Löwen, die wir selbst überflüssiger Weise in unser Leben einladen: zB wenn wir uns wider besseren Wissens in eine für uns schädliche Situation hineinbegeben. Aber wer die Löwen in deinem Leben auch sein mögen. Woher sie auch kommen. Du darfst eines wissen: Es gibt einen Löwenbändiger, einen Löwenüberwinder, einen Löwenbezwinger: Gott! Auf den vertraut Daniel in unserem Bibeltext. Das darfst du auch tun:
Vertrau auf Gott. Unser Thema heute lautet: **„So bestehst du deine Herausforderungen!“**
Und das Erste ist: **Vertrau auf Gott!**
Ein paar Nummern kleiner als Löwen sind Marder.
Marder sind an sich niedliche Tiere. Und doch habe ich mit ihnen schon unangenehme Bekanntschaft gemacht. Denn bei einem Auto beissen die auch schon einmal Zündkabel oder elektrische Leitungen durch. Sehr zu deinem Schaden! Und darum: 29.90! So viel kostet ein Antimardergitter. Das ist so ein grünes Gitter. Da fährst du einfach vorne mit dem Auto darauf. Und da Marder empfindliche Pfoten haben, werden die NICHT auf das Gitter steigen, da dies gegen ihre Natur geht. Somit hast du alle Marder los.
Da stellt sich doch die Frage: Gibt es so was auch für unsere Lebens-Löwen? Gibt es ein Antilöwenschutzgitter? Halt dich fest: Das gibt es! Es ist gratis. In unserem Bibeltext wird es vorgestellt! Das Antilöwenschutzgitter besteht aus der Kraft der drei G!
-Da ist einmal G wie Gelassenheit.
Vertrau auf Gott und nutze wie Daniel die Kraft der Gelassenheit!
Diesen Vorteil hast du, wenn du auf Gott vertraust. Du kannst gelassen bleiben.
Der König im Bibeltext lässt sich von anderen verunsichern.
Der König ist durch andere negativ beeinflussbar.
Der König lässt sich zu einem unsinnigen Gesetz überreden. Anders ist das bei Daniel. Daniel vertraut auf Gott und er ist darum wirklich frei, unabhängig und gelassen. Das darf auch bei dir so sein.
Und darum bleib auch du gelassen: Schon am Morgen, wenn du aufwachst. Denke nicht: O, diesen Tag, schaffe ich nie! Bleib gelassen und sage dir:

Ja, es kann heute Probleme geben. Ja, es kann heute ein schwieriges Gespräch geben. Aber ich werde sie mit Gottes Hilfe anpacken.
-Das ist zudem G wie Gebet:
Vertrau auf Gott und nutze wie Daniel die Kraft des Gebets!
Daniel betet nach Richtung Jerusalem, seiner Heimat. Richtung Israel, wo einst der Retter Jesus Christus herkommen wird. Daniel kennt damals Jesus noch nicht. Aber umso mehr darfst du Gott in Jesu Namen sagen, was dich bedrückt, was dir zusetzt, womit du zu kämpfen hast.
Viele von euch haben ein Handy. Vielleicht hast du das auch schon gehört: Der Bundesrat will die Polizei-Notrufnummer 117, für die Feuerwehr 118 und für die Ambulanz 144 bis Ende 2012 ersetzen: durch die europäische Notrufnummer 112. In ganz Europa gibt es dann eine Nummer. Als Christ hast du es noch besser. Du hast weltweit eine Notrufzentrale: Jesus Christus. An ihn kannst du dich immer wenden. Mit ihm kannst du deine Gedanken ordnen! Mit ihm kannst du jede Situation durchgehen!
-Und dann gibt es noch ein G. G wie Glaube:
Vertrau auf Gott und nutze wie Daniel die Kraft des Glaubens! Der Glaube sieht Möglichkeiten, wo andere normalerweise aufgeben. Daniel scheint am Ende zu sein. Jesus schien auch nach seinem Tod am Kreuz am Ende. Gott hat Jesus aus seinem Grab befreit. Gott hat Daniel aus dem scheinbar endgültigen Grab der Löwengrube befreit.
Ein Gott, der das kann, der wird doch auch einen Weg für dich wissen!
Gott kann auch dich aus jeder noch so aussichtslosen Situation erretten!
Oder er kann dir die Kraft geben, deine Schwierigkeiten durchzustehen.
Was ist deine zurzeit grösste Herausforderung?
Vertrau auf Gott! Pack sie an mit den drei G: Gelassenheit, Gebet und Glaube.
Vertrau auf Gott! Das ist das Erste. Und nun Nummer zwei:
Verzweifle nicht! Denn Gott hat deine Löwen im Griff! Hast du das schon einmal gesehen? In bestimmten Städten gibt es in öffentlichen Verkehrsmitteln einen Maulkorbzwang. Den gibt es auch bei Gott: Gott verpasst den Löwen in unserem Bibeltext einen Maulkorb. Gott hält durch seinen Engel den Löwen den Rachen zu. Nutze diesen göttlichen Maulkorb auch für deine Gedankenlöwen!
Wenn du in der neuen Woche sagst: „Geht nicht, schaffe ich nicht.... Das hat eh‘ keinen Sinn“. Wenn du dabei bist, so negativ zu denken, dann mache folgendes: Leg diesen Löwengedanken einen Maulkorb an.
Streiche solche Phrasen aus deinem Wortschatz und handle mit Gottes Hilfe mutig wie Daniel!
Verzweifle nicht! Denn Löwen können dich weiterbringen.
Manchmal ist es gut, in eine Löwengrube zu geraten. Du hast richtig gehört. Es ist gut! Dann gibt es kein Ausweichen. Keine Flucht. Dann hast du dich deinen Löwen zu stellen. Ich habe das selbst erlebt. Es gab bei mir als Schüler und Student eine Angst, vor mehr als zwei Personen zu sprechen. Dies schränkte mich immer mehr ein. Nur weil ich mich der Situation gestellt habe, konnte ich diese persönlichen Löwen überwinden.

Das zeigt: Löwengruben können dich weiterbringen. Gott will, dass du innerlich wächst, reifer und weiser wirst. Darum überlege dir: Gibt es solche im ersten Moment unangenehmen und dann letztlich hilfreichen Löwengruben in deinem Leben? Wie kannst du durch sie weiterkommen? **Vertrau auf Gott! Verzweifle nicht!** Und nun noch ein Letztes:

Versuche ein Vorbild zu sein. Denn dann kann Gott deine Herausforderungen auch für andere nutzen. Könnt ihr euch vorstellen, wie sich Daniels Geschichte mit den Löwen unter den Menschen herumspricht, wie Daniel mit Gottes Hilfe diese schwierige Situation bestanden hat?

Man fragt sich: „Ist der Glaube an diesen Gott auch etwas für mich?" Wenn die Menschen mitbekommen, wie du dich in deinen Schwierigkeiten an Gott festhalten kannst, dann werden sie sich die gleiche Frage stellen.

Und darum: **Versuche Vorbild zu sein.**

Ich habe es schon mehrfach lebt: Ich besuche Menschen, die mit einer schweren Herausforderung zu kämpfen haben: mit einer Krankheit oder mit einem anderen Schicksalsschlag.

Und dann passiert es: durch ihre Einstellung werden mir diese Menschen ein Vorbild. Ich wollte diese Menschen trösten und ermutigen.

Und ich gehe am Ende selbst getröstet und ermutigt von ihnen weg. Überlege dir gezielt: Wo könnest du im Umgang mit deinen Schwierigkeiten ein Vorbild für andere sein? Für deine Familie, deine Umgebung, deine Kollegen? Könnte das deiner derzeitigen Herausforderung einen von dir bisher noch nicht entdeckten, neuen Sinn geben?

In jedem Fall:

Dein derzeitiger Löwe mag brüllen so laut er will. Du darfst wissen: Es gibt jemand, der über den Löwen deines Lebens steht.

Und darum: **Vertrau auf Gott. Verzweifle nicht. Versuche Vorbild zu sein! Denn so bestehst du alle deine Herausforderungen**. Amen.

„So bekommst du neuen Mut.“ Psalm 43:

1Gott, schaffe mir Recht / und führe meine Sache wider das unheilige Volk und errette mich von den falschen und bösen Leuten!

2 Denn du bist der Gott meiner Stärke: Warum hast du mich verstoßen? Warum muss ich so traurig gehen, wenn mein Feind mich dränget?

3 Sende dein Licht und deine Wahrheit, dass sie mich leiten und bringen zu deinem heiligen Berg und zu deiner Wohnung,

4 dass ich hineingehe zum Altar Gottes, / zu dem Gott, der meine Freude und Wonne ist, und dir, Gott, auf der Harfe danke, mein Gott.

5 Was betrübst du dich, meine Seele, und bist so unruhig in mir? Harre auf Gott; denn ich werde ihm noch danken, dass er meines Angesichts Hilfe und mein Gott ist.

„Alles muss raus! Wegen Räumungsverkauf!“
Sicher hast du schon einmal ein Schild wie dieses gesehen.
„Alles muss raus.“ Das sagt Gott dir heute auch.
Unser Thema heute ist: **„So bekommst du neuen Mut.“**
Und genau das ist der erste Punkt: **Raus mit dem, was dich bedrückt!**
Wie das geht, zeigt dir unser heutiger Psalm. Er lehrt dich die drei A -Methode. Dazu gehört zum einen:

1) **A wie Ansage**. Mach eine klare Ansage: Wenn du die Psalmen liest, dann wird da nicht allgemein geklagt. Sondern da wird klar alles rausgelassen, was einen fertigmacht. Stell dir vor, du gehst in ein Schuhgeschäft. Eine engagierte Verkäuferin bringt dir die neuesten Bergstiefel, High Heels oder Ballettschuhe. Was auch immer du brauchst. Du probierst diese Schuhe an- doch sie drücken. Was tust du dann? Nimmst du das so hin? Nein, natürlich nicht. Du sagst der Verkäuferin ganz klar, wo dich der Schuh drückt.
So darf das auch bei deinem Herrn und Gott sein. Mach eine klare Ansage, wie unser Psalmbeter, wo dich der Schuh heute drückt. Unser Beter fühlt sich bedrängt, verstossen, er ist traurig. Und wie ist es bei dir? Was hast du auf dem Herzen? **Raus mit dem, was dich bedrückt!** -Mit einer klaren Ansage!
2) Dann kommt das **A wie Absicht**!

Hab‘ dazu auch eine klare Absicht: Wolltest du dich nur mal aussprechen? Der Psalmbeter will mehr.
Er will eine echte Veränderung! Und du, willst du wirklich auch eine echte Veränderung? Belass es nicht beim Beklagen. Versinke vor allem nicht in Selbstmitleid.
Meine Schwester ist so ein Beispiel. Sie hatte die Meisterprüfung als Restauratorin und Malerin gemacht. In dem Geschäft, wo sie arbeitet, wird sie von den Kunden geschnitten. Sie hört Sätze wie: „Sie sind zu jung. Wir wollen lieber von einem erfahrenen Mann bedient werden.“ Das war natürlich bitter für meine Schwester. Sie hat sich zu Recht darüber beklagt. Doch diese Enttäuschung macht ihr Mut zu einem entscheidenden Schritt: Sie gründet eine eigene Firma, die sie bis heute erfolgreich führt. Überlege auch dir: Wie kannst du deine Klage-Energie sinnvoll und mit einer klaren Absicht nutzen?
3) Und schliesslich: Neben der klaren Ansage, der klaren Absicht gehört eben noch was ganz Entscheidendes: Eine klare Adresse! Als Schüler verdiene ich mir mein Geld mit Putzen, mit Saubermachen von Büroräumen. Meine Mutter arbeitet damals in einem grossen Bürohaus als Sekretärin. Da hat sie mir diese Ferienarbeit als Raumpfleger verschafft. Erstaunlich, was man da alles so findet. Unter anderem so etwas: einen Wutzettel. Kennt ihr das? Da steht dann so was drauf: „Wutzettel. Bei Wutanfall abreissen, zerknüllen und mit aller Kraft in die Ecke schmeissen.“ Doch so ein Wutzettel ist zu wenig. Das weiss auch unser Psalmbeter.
Der Psalmbeter wendet sich an SEINE Adresse, eben an Gott. Damit sagt er: „DU sorgst dafür, dass es einen Weg für mich gibt.“ Denn GOTT hat ein Ohr genauso für dich. Gottes Ohr ist was Besonderes. Es ist immer offen für dich und es hat sogar einen Namen. Haben deine Ohren auch eigene Namen? Also meine nicht. Sie heissen einfach „linkes und rechtes Ohr“.
Doch **Gottes** Ohr hat einen Namen. Sein Ohr heisst Jesus Christus. Unter seinem Namen kommen deine Anliegen bei Gott an. Das ist himmlische A-Post mit direkter Zustellung. Und darum: Ab heute in allen deinen Klagen, denke immer an die drei A-Methode: Denk an die klare Ansage, die klare Absicht und die klare Adresse, eben an deinen Gott. **Raus mit dem, was dich bedrückt!** Denn so klagst du richtig!
Das ist das Erste. Und nun kommt die Nummer zwei: Denk an deine Lichtquelle!
„Wenn Du denkst es geht nicht mehr, kommt irgendwo ein Lichtlein her.“ Ich habe diesen Spruch schon auf unzähligen Sofakissen, auf Kerzen und als Wandbilder gesehen. Ich finde diesen Spruch ermutigend.
Doch ich weiss nicht, wie dir das geht. Irgendwo soll ein Licht herkommen. Das ist doch ziemlich ungewiss, unbestimmt, sehr allgemein. Unser bedrängter Psalmbeter weiss da mehr. Er zeigt dir:
Gott ist deine Lichtquelle.
Von Gott kommt auch dein Licht her.

Er hilft dir, damit du wieder klar sehen kannst.
Er hilft dir, damit du erkennst, wo du wirkliche Entlastung bekommst.
Er hilft dir, damit du mutig und entschlossen deinen Weg gehen kannst.
Kennst du das?
-Viele Menschen haben die Angewohnheit negative Selbstgespräche zu führen. Zum Beispiel: „Ich kann das nicht. -Unmöglich, dass ich das schaffe."
Unser Psalmbeter aber macht etwas ganz Entscheidendes mit diesen seinen negativen Gedanken: Er stellt sie in das erhellende Licht Gottes. Des Gottes, der durch Jesus sagt: „Alles ist möglich für den, der glaubt."
Setze darum Gottes wahre und erhellende Gedanken gegen die dunklen Gedanken, die dich nach unten ziehen wollen!
Sage nicht nur deinem Gott, wie gross dein Problem ist, sondern sage deinem Problem, wie gross dein Gott ist! Und darum: Wie dein Problem auch heissen mag: **Raus mit dem, was dich bedrückt und denk an deine Lichtquelle.**
Und nun das Dritte: **Danke!**
Es gibt Menschen, die denken so: Schwierigkeit geschafft, Problem überwunden, Fall erledigt - aber um was sorge ich mich nun als nächstes?
Denkst du etwa auch so? Doch hoffentlich nicht. Denn dann verpasst du etwas.
Nimm dir bewusst Zeit zum Danken. Denn das Wort „DANKE" hat riesige Kraft: Es motiviert, es setzt Kräfte frei, es macht wirklich Mut.
Ich habe verlängert! Eigentlich wollte ich es nur ein Jahr machen. Ich rede von meinem Dankbarkeitstagebuch. Für ein Jahr wollte ich es schreiben. Doch ich mache weiter. Denn es ist so ermutigend! Ich nehme mir vor, jeden Abend in dieses Dankbarkeitstagebuch drei Sachen zu schreiben, was positiv war. Ich finde regelmässig mehr. Ich finde fünf, zehn, 15 Sachen. Mit Leichtigkeit! Ich empfehle dir das auch. Lass den letzten Gedanken vor dem Einschlafen etwas Positives sein.
Und denk daran: Man kann Gott nicht danken und gleichzeitig deprimiert sein. Danken ist wie ein rezeptfreies Medikament. Der Keim der Mutlosigkeit kann in keinem dankbaren Herzen Wurzeln schlagen. Bei unserem Psalmbeter kannst du aber fürs Danken noch etwas ganz Besonderes lernen. Der Beter lehrt dich, die zukünftige gute Lösung JETZT schon zu sehen. Er lehrt dich, Gott im Voraus zu danken. Der Beter hat das gute Ergebnis, den erfolgreichen Ausgang schon vor Augen. Mach das doch genauso. Praktiziere vorausschauendes Danken!
Es gibt auch das Gegenteil: vorausschauendes Jammern und Klagen. Das ist wie beim Zahnarzt. Stell dir vor, der Zahnarzt will lediglich nachschauen, wie es bei deinen Zähnen aussieht. Obwohl noch gar nicht gesagt ist, ob er tatsächlich bohrt, brichst du beim Betreten des Wartezimmers in ein Schmerzgeschrei aus. Hat das Sinn? Nein.
Und darum ein Vorschlag: Gehe am Morgen deinen Tag durch und danke ihm (Gott, nicht dem Zahnarzt) schon im Voraus, was auch immer vor dir liegt. Danke im Voraus für die Lösungen, die Gott dir zeigen wird. Danke im Voraus für die neuen Türen, die er dir öffnet. Danke im Voraus für die guten Dinge, die er für dich bereithält. Setze dieses Mittel des voraussagenden Dankes ein! Wenn

du das tust, spürst du, wie neue Freude, neuer Glaube und eben, neuer Mut in dir aufsteigen.
Unser Thema heute: „**So bekommst du neuen Mut“.**
Unser Bibeltext gibt dir drei entscheidende Schritte auf den Weg dahin:
Raus mit dem, was dich bedrückt! Denk an deine Lichtquelle!
und **Danke im Voraus!** Am besten du fängst heute noch damit an! Ich wünsche dir viel Erfolg dabei. Amen.

„Schöpfe neue Kraft!“ Psalm 62, 6-9:

6 "Aber sei nur stille zu Gott, meine Seele;" "denn er ist meine Hoffnung."

7 "Er ist mein Fels, meine Hilfe und mein Schutz," "dass ich nicht fallen werde."

8 Bei Gott ist mein Heil und meine Ehre, / der Fels meiner Stärke, meine Zuversicht ist bei Gott.

9 Hoffet auf ihn allezeit, liebe Leute, / schüttet euer Herz vor ihm aus; Gott ist unsre Zuversicht.

„Das darf doch nicht wahr sein!“ Meine Frau und ich wollen Ende Mai zu einer Konfirmation fahren. Das Fest ist östlich von Berlin, an der polnischen Grenze. Und sie kommen nicht. Die Fahrkarten kommen ewig nicht. Wir haben die Fahrkarten bei der Deutschen Bahn zwei Wochen vorher per Internet bestellt. Und wir sollen sie auf dem Postweg erhalten. Doch sie kommen nicht. Und dann ist er da: Der letzte Tag vor der Abfahrt. Angespannt gehe ich wieder zum Briefkasten. Ich atme tief durch. Ich stecke meinen Schlüssel ins Schloss des Briefkastens. Ich öffne ihn vorsichtig. Was finde ich? Werbung, Rechnungen, eine Ansichtskarte. Doch eins fehlt. Du ahnst es! Die Fahrkarten sind wieder nicht da. Die Leute bei der Beschwerdestelle sagen: Wir sollen uns neue Fahrkarten per Internet kaufen und direkt ausdrucken und dann versuchen, die Kosten erstattet zu bekommen. Ich werde darüber so was von wütend. Ich steigere mich hinein in diese Geschichte. Ich bereite in dieser Zeit gerade eine Andacht vor zum Thema: „Liebe deinen Nächsten.“ Und ich bin dabei zu sagen: „Ja, liebe deinen Nächsten- aber ausgenommen die Deutsche Bahn!“ Du spürst: Das Ganze raubt mir Zeit, raubt mir Nerven und es raubt mir meine Kraft. --- Weisst du, was ich viel früher hätte tun sollen? Ich hätte schon viel eher STOPP sagen sollen. Und ich hätte tun sollen, was David in unserem Bibeltext sagt:

Schütte Gott dein Herz aus!

Unser Thema heute ist: **„Schöpfe neue Kraft!“** Und genau das ist das ERSTE! **Schütte Gott dein Herz aus!** Bei David ist das so. David wird verfolgt. Er wird verleumdet. Man will ihn fertig machen. Und was verfolgt dich? Was macht dich fertig? Was raubt dir die Kraft? In jedem Fall tue, was David macht:

Schütte Gott dein Herz aus! Denn Gott möchte alles, was sich in deinem Herzen angesammelt hat. Gott möchte deine Zweifel, wie es weitergeht mit deiner Gesundheit. Er will deine Sorgen wegen deiner Familie, deinen Ärger über deinen Chef. Er möchte alles, was dich plagt. Gott sagt, her damit!

Schütte Gott dein Herz aus! Denn Gott möchte deinen ganzen inneren Müll Es ist doch so: Müll will keiner von uns, die Müllgebühren steigen und überall stehen Schilder: Müll abladen verboten. Nur einer denkt anders. Gott sagt ausdrücklich: „Müll abladen erlaubt!“ Denn Gott will deinen Müll. Gott hat dafür eine ganz besondere Mülldeponie eingerichtet: unter dem Kreuz seines Sohnes Jesus Christus. Da ist für die "Entsorgung" gesorgt. Dazu ist Jesus gestorben und auferstanden. Damit du gerettet wirst. Damit du erlöst wirst. Und damit du schon hier und heute von all deinem Lebensmüll frei wirst.

Schütte Gott dein Herz aus! Denn Gott freut sich über deinen Müll. Auf der Zugfahrt Richtung polnische Grenze steigen wir mehrfach um. Und da kann ich es wiederholt beobachten. Passanten schauen die Abfalleimer durch. Sie suchen nach Pfandflaschen. Ich erinnere mich an einen Mann. Er war recht gut gekleidet. Er langt in den Abfalleimer und mit einem strahlenden Lächeln holt er eine Pfandflasche heraus. So freut sich Gott auch über deinen inneren Müll.

Schütte Gott dein Herz aus! Denn Gott liebt klare Worte! In meiner ersten Gemeinde gibt es einen Mann. Der lädt mich immer wieder ein, um sich bei mir auszusprechen. Es dauert mindestens eine halbe Stunde bis er andeutungsweise mit der Sprache herauskommt. Zudem sagt der Mann zu mir: „Wissen Sie, Herr Pfarrer: Wenn ich Ja sage, meine ich Nein und wenn ich Nein sage, meine ich Ja. Können Sie das verstehen?“ –„Nein, “ sage ich zur Antwort, „das kann ich nicht verstehen.“ Das bringt Sie selbst und mich ganz durcheinander. Sagen Sie mir doch, was Sie wirklich auf dem Herzen haben.“ Genauso mache es auch bei Gott:

Schütte Gott dein Herz aus! Direkt und ohne lange herumzureden. So wie David das tut:

Schütte Gott dein Herz aus! Denn Gott macht was aus deinem Müll. Gott nimmt deinen Müll nicht nur, er recycelt ihn, kompostiert ihn, düngt deinen Glauben damit. Überlege dir einmal heute Abend: Wie viele anscheinend unlösbare Probleme, Schwierigkeiten und Sorgen hat Gott schon für dich zum Guten gewendet. Denk einmal darüber nach. Und darum: Immer wenn du ab jetzt am Ärgern, Ausrasten, Sorgen oder Verzweifeln bist, mach folgendes. Sag „STOPP.“ und dann **schütte Gott dein Herz aus!** Das ist das Erste!

David macht aber noch etwas. David sagt*:* „Sei nur stille zu Gott, meine Seele!“ David nimmt sich ganz bewusst Zeit, um auf Gott zu hören. Und genau das ist das Zweite: in aller Hektik, in allen Kämpfen, in allem Stress:

Hör auf Gott! Denn dann bekommst du neue Kraft**!** Selbst Jesus hat das nötig. Er bespricht vor wichtigen Entscheidungen alles mit seinem Vater. Mach das genauso!

Gott weiss einen Weg für dich! Habt ihr Vorbilder? Jemand, den ihr besonders bewundert? Ein kleines Mädchen ist mein Vorbild. Fanny Crosby: Geboren wird sie im Jahr 1829. Sie ist blind. Und sehr zart und zerbrechlich. Viele fragen: Was soll nur aus Fanny werden? Fanny glaubt, dass Jesus trotz allem einen Weg für sie weiss. Mit acht Jahren beginnt sie zu dichten. Insgesamt 8000 Liedtexte verfasst sie. Sie hat dadurch vielen Leuten geholfen und sie getröstet. Oft sagt Fanny: „Jesus, ich bin gespannt, wie du mir diesmal helfen wirst!“ Als erwachsene Frau kann sie einmal ihre Miete nicht bezahlen. Sie betet dafür und ein ihr Unbekannter bringt ihr genau das Geld, das fehlt. Das ist tatsächlich so gewesen. Auch daraus macht sie ein Gedicht. Fanny ist immer schwach und oft gesundheitlich angeschlagen. Trotzdem wird sie 95 Jahre alt. Sie hat erfahren, dass es sich lohnt, auf Gott zu hören. Sie hat erfahren, dass Gott ihr Kraft gibt. Sie hat erfahren, dass Gott in allen Schwierigkeiten einen Weg für sie weiss.

Hör auf Gott! Denn mit IHM schaffst du mehr als du denkst. Vor allem tu eins: Beerdige das „Ich kann nicht“. Ich habe einmal von einer Lehrerin gehört. Sie hat es einfach nicht hinnehmen wollen, dass ihre Schüler regelmässig sagen: „Ich kann nicht!“ Die Lehrerin sieht, dass sich ihre Schüler dadurch in ihren Möglichkeiten einschränken. Darum tut die Lehrerin folgendes: Eines Tages bittet sie alle Schüler aufzuschreiben, was sie nicht können. Die eingesammelten Blätter waren voller „Ich kann nicht“ Sätze. Diese legt sie in einen Schuhkarton und führt die Klasse auf den Schulhof. Dort gräbt sie auf einem Rasenstück ein grosses Loch. Dann setzt sie die Schachtel in die Erde und beerdigt für immer alle „Ich kann nicht“ -Zettel Anschliessend feiert sie mit den Schülern ein Fest. Wenn ein Schüler ab diesem Tag sagt, er kann etwas nicht, entgegnet die Lehrerin: „Ich kann nicht“ lebt nicht mehr! Es ist da draussen begraben. Wir alle sollten auch unsere eigenen „Ich kann nicht“ Sätze begraben“. Was ist dein zurzeit grösstes Problem?- Wenn Du jetzt dein grösstes Problem vor Augen hast und vielleicht denkst: "Keine Chance, ich schaff‘ das nicht, das geht über meine Kraft.“- **Dann hör auf Gott** und sage: „Mit Gott will ich es, mit Gott schaffe ich es, mit Gott kann ich es!“ Denn wenn du an Gott glaubst, dann gilt es doch auch für dich, was David sagt: „Gott ist mein Fels, meine Hilfe und mein Schutz!“ Sprich diesen Satz in der kommenden Woche jeden Morgen aus! Und dann pack sie an, die Dinge, die vor dir liegen!

Höre auf Gott! –Die Konfirmation an der polnischen Grenze war übrigens grossartig. Es war eine bewegende Feier. Die Angestellten von der Deutschen Bahn waren wirklich nett. Alle Anschlüsse haben wir erreicht. Das Geld für die doppelten Fahrkarten wurde uns erstattet. Im Nachhinein frage ich mich: Was habe ich mich nur so aufgeregt! Wieso habe ich es soweit kommen lassen? Und darum ist Davids Rat an dich, dass du diese beiden Schritte rechtzeitig machst:

1. Schütte Gott dein Herz aus. 2. Höre auf ihn!

Dann vermeidest du überflüssigen Ärger. Dann verschwendest du nicht deine Energie. Im Gegenteil: Dann schöpfst du neue Kraft. Dass du dies selbst immer siehst, tust und erlebst- das wünsche ich Dir von ganzem Herzen. Amen.

„So bleibt deine Seele fit.“ Psalm 111:

1 Halleluja! Ich will dem Herrn von ganzem Herzen danken vor allen, die zu ihm gehören und vor seiner Gemeinde.

2 Die Taten des Herrn sind wunderbar! Wer über sie nachdenkt, wird Freude an ihnen haben.

3 Alles, was der Herr tut, ist herrlich und großartig und seine Gerechtigkeit besteht ewig.

4 Wer kann die Wunder vergessen, die er vollbringt? Gnädig und barmherzig ist unser Herr!

5 Denen, die auf ihn vertrauen, gibt er, was sie brauchen, und vergisst niemals seinen Bund mit ihnen.

6 Er hat seinem Volk seine große Macht gezeigt, indem er ihm die Länder anderer Völker gab.

7 Alles, was er tut, ist gerecht und gut, und alle seine Gebote sind vertrauenswürdig.

8 Sie sind ewig gültig und sollen treu und aufrichtig befolgt werden.

9 Er hat sein Volk befreit und seinen Bund mit ihm für immer bestätigt. Heilig und gewaltig ist unser Gott!

10 Ehrfurcht vor dem Herrn ist der Anfang wahrer Weisheit. Klug sind alle, die sich danach richten. Lobt seinen Namen für alle Zeit!

Bitte hebt doch einmal die Hand: Wer von euch war schon einmal in einem Fitness-Studio? Ich versuche da auch regelmässig hinzugehen.
Und an der Tür zum Umkleideraum meines Fitness-Studios da stehen sie: die drei Trainingsprinzipien. Sie lauten: **1. Aufwärmen - 2. Dehnen - 3. Kräftigen!**
Diese drei Prinzipien lassen sich mit Psalm 111 auch auf deine Seele übertragen!
Unser Thema heute lautet: **„So bleibt deine Seele fit.“**
Und der erste Punkt ist darum: AUFWÄRMEN!

Als ich zum ersten Mal im Fitness-Studio bin, will ich natürlich nur eins: Was wohl? Ran an die Geräte! Ich will mir gleich die Gewichte schnappen. STOPP, sagt die Trainerin. Zuerst mach eine Aufwärmphase auf dem Laufband oder auf dem Velo. Das verhindert Zerrungen und Krämpfe.
Genauso gilt das für deine Seele. Bevor du am Morgen den Tag beginnst:

Wärme deine Seele auf! Und zwar **durch Danken!**
Unser Psalmbeter dankt Gott für alles, was ER für seine Leute getan hat: Gott hat sein Volk befreit, versorgt, ein neues Land geschenkt.
Danke Gott genauso! Frag dich jeden Tag:
Was hat Gott schon alles für dich getan?
Wie hat ER dir schon geholfen? Wo hat Gott dich schon durchgetragen?
Und dann starte durch in deinen Tag!

Wärme deine Seele auf durch Danken!
Denn Danken macht dich zufrieden, macht dich ausgeglichen, macht dich glücklich. Lass es dir darum zur Angewohnheit werden:

Wärme deine Seele auf durch Danken! -Und bitte tu noch eines:
Winter ist Ansteckungszeit. Bitte stecke auch du andere Leute an. Mit deinen Viren. Nicht mit Grippeviren, sondern mit den Viren deiner Dankbarkeit!
Der Beter in unserem Psalm macht es!
Und nicht nur er. Anfang des Jahres fand in Zürich die Ehrung des Fussballers des Jahres statt. Jemand, den ich kenne, hat es tatsächlich geschafft, dafür eine Einladung zu bekommen. Am meisten beeindruckt hat meinen Bekannten der berühmteste aller Fussballer: Pelé. Pelé sollte eine Rede halten. 1000 handverlesene Gäste warten gespannt, was er wohl sagen wird. Pelé sagt folgendes: „Zu Beginn meiner Rede ist es mir ein Bedürfnis, Gott zu danken.
Für alles das, was ER mir in meinem Leben geschenkt hat. Ohne Ihn wäre meine Karriere gar nicht möglich gewesen.“ Dieser Dank hat viele Anwesende sehr beeindruckt. Auch wenn du kein Fussballer bist- mach das genauso. Suche regelmässig Gelegenheiten zum Danken.
Denn Jammerer gibt es genug.
„Kinder kommt nörgeln, das Essen ist fertig, “ so ruft eine Mutter ihre Familie. Aber das Essen ist nur ein Beispiel. Da gibt es noch das Wetter und 1000 andere Gründe.
Du aber mach das anders: Du verbreite deine Dankbarkeitsviren: in deiner Gemeinde, in deiner Strasse, in deiner Umgebung! Damit andere erkennen, wie wichtig es ist:
Wärme deine Seele auf durch Danken!

Kommen wir zur zweiten Übung. Und die lautet: DEHNEN!
Dehne deine Seele! Und zwar durch Staunen!
Der Psalmbeter staunt über Gottes Werke! So auch du!

Dehne deine Seele durch Staunen!
Greife dazu regelmässig einen Buchstaben des ABC heraus und überlege dir, was es da zum Staunen gibt. Zum Beispiel:
-S (nicht wie Steuererklärung, sondern) wie Schneeflocken. Schau, was ich hier in der Hand habe. Es ist ein Buch von einem Mann namens Bentley. Er hatte eine grosse Leidenschaft: Schneeflocken. 50 Jahre seines Lebens hat er sie erforscht. Tausende von einzelnen Schneeflocken hat dieser Mann fotografiert. Jede einzelne Flocke hat Kristalle von einzigartiger Schönheit. Keine Flocke gleicht einer anderen.
Wenn du dieses kleine Buch anschaust, kommst du aus einem ehrfürchtigen Staunen über unseren grossartigen Gott nicht heraus. Schau auch du Sachen in deiner Umgebung an und:

Dehne deine Seele durch Staunen!
Zum Beispiel auch durch K wie Körper: Staune über deinen Körper.
Ich nenne dir mal drei Zahlen:
- 19.000 Kilometer: Diese Strecke überwindet dein Blut jeden Tag. Das ist 1000x Visp-Zürich!
- 4800 Wörter spricht etwa jeder Mann pro Tag. Bei Frauen und Pfarrern sind es angeblich doppelt so viele. Doch jede Stimme hört sich anders an und ist einmalig.
- 27 Tage: alle 27 Tage erneuert deine Haut ihre gesamte Oberfläche.

Du bekommst das gar nicht mit und trotzdem ist das von Gott so einzigartig eingerichtet.

Dehne deine Seele durch Staunen! Durch J wie Jesus! Wer regelmässig ins Fitness-Studio geht, der weiss, welche Übung ihm am meisten bringt. Staunen über Jesus bringt dich am weitesten.
Staune gerade über Jesus: Denn mit Jesus erfüllt sich endgültig, was der Psalm 111 sagt: Jesus ist das grösste aller Wunder. Durch Jesus will Gott sich mit dir persönlich verbünden. Damit du Vergebung bekommst. Damit du ein ewiges Leben bekommst! Welches Staunen erlebst du, wenn du bewusst mit diesem Jesus lebst!

Dehne deine Seele durch Staunen! Denn: Staunen öffnet dir die Augen. Staunen erweitert dein Denken. Staunen vergrössert deinen Glauben, weil du siehst, wie genial Gott ist. Psalm 111 sagt: Gott gibt dir, was du brauchst, wenn du ihm vertraust.
Darum komm zu ihm voller Vertrauen: mit deinen Schmerzen, deinen Problemen, deinen Herausforderungen.- Und du wirst staunen, wie Er sich darum kümmert!

1. Wärme deine Seele durch Danken! 2. Dehne deine Seele durch Staunen!
Und noch Übung Nummer drei: KRÄFTIGEN!

Kräftige deine Seele durch Freude!
„Grundeinstellung ab Werk"- diesen Hinweis kannst du oft in Bedienungsanleitungen lesen. Ob das eine neue Uhr, ein PC oder eine Kamera ist. Gott hat auch für dich als sein Werk etwas als Grundeinstellung vorgesehen: nämlich Freude. Gott will nach Psalm 111, dass du deine Freude zeigst.
Sicher, es gibt Ausnahmesituationen: Da gibt es Zeiten der Trauer, Zeiten, wo dich ein schwerer Schicksalsschlag trifft. Wenn du davon betroffen bist: Das ist was anderes, das sind Ausnahmezeiten. Wir beten speziell für dich nach der Predigt.
Aber der Normalfall ist bei einem Christen die Freude. Das Wort Evangelium heisst wörtlich übersetzt: „Frohe Nachricht." Und darum:
Ein freudloser Christ ist ein Widerspruch in sich selbst. Er ist wie ein fünfeckiger Kreis, ein schwarzer Schimmel oder ein einbeiniger Tausendfüssler.

Und darum: **Kräftige deine Seele durch Freude!**
Die ersten Christen haben viel durchzumachen gehabt: An Verfolgung und an Leid. Aber sie haben trotz allem ihre Freude über Jesus gelebt und gezeigt.
Sonst hätte ihr Glaube nicht ausgestrahlt!
Sonst hätte sich der christliche Glaube nicht über die ganze Welt verbreitet! Freude macht auch dich anziehend, attraktiv, ausnehmend stark!

Kräftige deine Seele durch Freude!
„Die Freude am HERRN ist deine Stärke." Sagt der Prophet Nehemia. Das sage dir täglich! Entscheide dich noch heute ganz bewusst für die Freude!
-Übergib Gott bewusst Freudenkiller wie Schuld, Sorgen und schlechte Laune.

Unser Thema: **So bleibt deine Seele fit.** Wenn ich längere Zeit nicht ins Fitness-Studio gehe, merke ich das: Der Nacken beginnt sich zu verspannen, mein Rücken meldet sich, meine Hüfte zwickt. Ebenso ist es mit der Seele.
Und darum: **Halte deine Seele regelmässig fit**. Durch folgende drei Übungen:

1. Wärme deine Seele durch Danken! 2. Dehne deine Seele durch Staunen! 3. Kräftige deine Seele durch Freude!

In meinem Fitness-Studio steht ein Satz, den ich auch dir zum Schluss zurufe: **Viel Erfolg beim Training!** Amen.

„Vertrau auf Gottes Macht!“ Psalm 114:

1 Als Israel aus Ägypten zog, das Haus Jakob aus dem fremden Volk, 2 da wurde Juda sein Heiligtum, Israel sein Königreich. 3 Das Meer sah es und floh, der Jordan wandte sich zurück. 4 Die Berge hüpften wie die Lämmer, die Hügel wie die jungen Schafe. 5 Was war mit dir, du Meer, dass du flohest, und mit dir, Jordan, dass du dich zurückwandtest? 6 Ihr Berge, dass ihr hüpftet wie die Lämmer, ihr Hügel, wie die jungen Schafe? 7 Vor dem Herrn erbebe, du Erde, vor dem Gott Jakobs, 8 der den Felsen wandelte in einen See und die Steine in Wasserquellen!

Könnt ihr sehen, was ich hier in der Hand habe?
Es ist ein Modell der Freiheitsstatue von New York.
Sie steht an der Hafeneinfahrt dieser Stadt. Dies ist ein Denkmal für die Freiheit. Generationen von Einwanderern haben sie gesehen. Glaubensflüchtlinge, von wirtschaftlicher Not Bedrückte, vom Schicksal geschlagene Menschen.
Sie alle hoffen beim Anblick dieses Denkmals: „Jetzt sind wir endlich frei.“

Ein Denkmal der Freiheit ist auch unser heutiger Psalm.
Generationen von Gläubigen werden durch diesen Psalm daran erinnert: Wir haben einen Gott, der uns befreit.

Unser Thema lautet: „**Vertrau auf Gottes Macht.“**
Und genau das ist der erste Punkt: **Vertrau auf Gottes Macht---.**
Denn Gott befreit. Dieser Psalm erinnert an die Befreiung Israels aus Ägypten. Gott führt sein Volk aus Ägypten. Gott führt es durchs Meer. Gott führt es ins gelobte Land. Aus einem versklavten Volk wird ein freies Volk, wird Gottes Volk. Das ist ein grossartiges Ereignis. Doch dieses Ereignis will sich wiederholen- bei dir!

Denn Gott befreit. Gott will auch dich befreien: zB von einschränkenden Sätzen.
Hast du es gehört: Anfang dieses Jahres geht die Meldung um die Welt: Ein 101- Jähriger läuft erfolgreich Marathon. Der in England lebende Fauja Singh hatte mit 89 Jahren das Marathonlaufen entdeckt. - Und was hat Gott noch alles mit dir vor?
Hör darum auf zu sagen: „Ich bin zu alt. Ich bin zu jung. Es ist zu früh. Es ist zu spät.“ So grenzt du Gottes Kraft ein. -Du bist vor Gott niemals zu jung oder zu

alt. Es gibt keine Grenze für Gottes Macht. Auch bei dir! **Denn Gott befreit.** Gott will dich von lästigen Flecken befreien.
Ist es dir schon an mir aufgefallen? Letzten Dienstag hatte ich eine Schönheitsoperation. –Ich hatte einen Leberfleck am Hals entfernen lassen. Der störte mich, hinderte mich und rieb sich wund. Jetzt bin ich davon befreit. Nun ist der Fleck weg. Und ihr seht: Mein Hals glänzt wieder wie neu.
Gott will auch dich und mich von allen anderen noch viel tiefer sitzenden Flecken befreien. Gerade durch Jesus macht er das. Jesus ist der wirksamste Fleckentferner für die Flecken auf unserer Seele. Dafür geht er für dich ans Kreuz. Für Deine Lasten. Für die Befreiung von deiner inneren Not und Schuld. Was es auch ist.
Wenn du schon an Jesus glaubst, gratuliere ich dir. Wenn noch nicht: Verbinde dich in seinem Namen noch heute mit Gott. Und jetzt kommt das Beste: Wenn du die Freiheitsstatue aus der Nähe anschauen und besuchen willst, ist die Fähre dorthin kostenpflichtig. Gott jedoch befreit dich durch Jesus Christus gratis und kostenlos. Das nennt die Bibel Gnade. **Gott befreit.** Das ist das Erste.

Und nun das Zweite: **Vertrau auf Gottes Macht.- Denn Gott bewegt.**
Du hast es gehört: Im Psalm 114 ist die ganze Natur in Bewegung: Die Erde bewegt sich. Das Meer bewegt sich. Sogar die Berge, das Unbeweglichste überhaupt- die Berge hüpfen. –

Denn Gott bewegt. Gottes Macht kann und will auch dich bewegen!
Gibt es in deinem Leben Bereiche, in denen Stillstand ist?
Gott kann sie wiederbeleben.
Gibt es Umstände in deinem Leben, die du als hoffnungslos festgefahren empfindest?
Gott kann sie ändern.
Gibt es in deinem Herzen Ideen, von denen du dir schon seit Jahren wünschst, dass sie in Erfüllung gehen?
Wenn Gott dir eine gute Idee gegeben hat. Wenn du sie mit Gott abgesprochen und darüber gebetet hast: Verfolge sie. Lass dich von nichts und niemanden davon abbringen. Pack sie im Vertrauen auf Gottes Macht an.

Denn Gott bewegt.
Entscheidend in Allem ist nur Eins: Lass dich nicht entmutigen. Das ist das Problem des Volkes Israel beim Auszug aus Ägypten. Sie entmutigen sich gegenseitig. Bei dir darf das anders ein.
Stell dir vor: Eine Gruppe von Personen will einen Wettkampf machen. Ihr Ziel ist es, aussen bis an die Spitze eines hohen Turmes hochzuklettern.
Viele Zuschauer haben sich bereits versammelt, um diesen Wettkampf zu sehen. Doch von den Zuschauern glaubt niemand so recht daran, dass es möglich ist, diesen hohen Turm zu erklettern.
Alles was man hören kann, sind Aussprüche wie: „Ach, das ist bestimmt viel zu

anstrengend! Die werden sicher nie da oben ankommen!" oder: „Das können sie gar nicht schaffen, der Turm ist viel zu hoch!"
Die Wettkämpfer hören das und beginnen aufzugeben, einer nach dem anderen...Ausser einem, der kraftvoll weiter klettert. Am Ende hat er als Einziger den Gipfel des Turmes erreicht! Wisst ihr, was der Grund dafür war?
Der Gewinner war T A U B ! Der hörte alle entmutigenden Worte nicht.
Und genauso darf das im Übertragenen auch bei dir sein.
Im letzten Monat waren meine Frau und ich Wien. Unter anderem besuchen wir da die Stadtbibliothek. Und am Eingang fällt mir gleich ein besonderer Automat auf. Ein Automat mit Ohrstöpseln. Damit man nicht beim Lesen abgelenkt wird. Solche Ohrstöpsel lege dir im übertragenen Sinn auch immer wieder an, wenn du entmutigende Worte hörst. Wie gross deine Herausforderung auch ist: Lass dich von Gottes aufbauenden Worten beeinflussen und seiner Macht bewegen.

Denn Gott bewegt. Lass auch du dich durch seine Kraft bewegen. Mach die Dinge, die getan werden müssen.
Mache HEUTE zB den Anruf, den du schon lange vor dir hinschiebst.
Rede HEUTE mit dem Menschen, dem du schon so lange etwas sagen wolltest.
Beginne HEUTE voller Vertrauen und Glauben dein Leben mit Gott.

Vertrau auf Gottes Macht. Denn **Gott befreit. Gott bewegt.**
Nun kommt noch etwas dazu:
Vertrau auf Gottes Macht.
Denn Gott verwandelt. Das ist das Dritte.

-Ist euch das auch schon einmal so ergangen? Dass ihr jemanden nicht mehr erkannt habt? Ein Studienkollege von mir war angehender Zahnarzt. Er hatte einen langen dichten Bart und lange Haare. Eines Tages treffe ich mich mit ihm zum Mittagessen. Mein Kollege hatte kurz vorher seinen Bart abrasiert und seine Haare ganz kurz abschneiden lassen. Vielleicht hat ihm sein Professor dazu geraten. Damit er beim Zähnebohren nicht mit dem Bohrer und all seinen Haaren durcheinander kommt. -In jedem Fall: Mein Kollege sieht ganz verwandelt aus. Ich habe ihn nicht mehr erkannt. Doch nach ein paar Minuten merke ich: Er ist ganz der Alte. Denn die Verwandlung war nur äusserlich. Ganz anders ist das bei Gott. Gottes Macht kann total und tiefgehend dich und deine Situation verwandeln.
-Denn im Psalm 114 steht es: Gott ist derjenige, der den Felsen wandelt in einen See und die Steine in Wasserquellen! So ist unser Herr und Gott!

Denn Gott verwandelt. Bitte hebt einmal die Hand: Wer von euch macht regelmässig Sport? Ich möchte heute auch zu einem Sport einladen.
Er lautet Gedankenumwandeln. Er wird wahrscheinlich nie olympisch.

Doch er ist hochwirksam. Er geht so: Immer wenn du denkst, eine bestimmte Situation wird sich unmöglich ändern. Wandle diesen Gedanken um.
Sag dir: Es ist mit Jesus sehr wohl möglich, dass sich an dieser Situation etwas bei dir ändert. Immer wenn du denkst: Dein Problem packst du nie.
Sag dir: Es ist mit Jesus sehr wohl möglich, dass ich mein Problem packen kann. Immer wenn du denkst: Es ist unmöglich, dass sich in deinem Leben überhaupt noch einmal etwas ändert. Sag dir ab heute: Es ist mit Jesus sehr wohl möglich, dass ich noch einmal neu anfangen kann und sich mein Leben noch einmal ändert. Gott kann im Namen von Jesus auch deine Situation verwandeln.

Denn Gott verwandelt. Darum: Verändere deinen Blickwinkel. Schau auf den Herrn und seine Möglichkeiten. Er weiss einen Weg für dich.

Du hast drei Dinge gehört: Gott befreit, Gott bewegt und Gott verwandelt. Vertrau deshalb auf Gottes befreiende, bewegende, alles verwandelnde Macht. Tu das: HEUTE, die KOMMENDE WOCHE und dein GANZES LEBEN LANG. Gott segne dich dazu. Amen.

„Drei gute Nachrichten für dich.“ Psalm 115,9-12:

9 Aber Israel hoffe auf den HERRN! Er ist ihre Hilfe und Schild.
10 Das Haus Aaron hoffe auf den HERRN! Er ist ihre Hilfe und Schild.
11 Die ihr den HERRN fürchtet, hoffet auf den HERRN! Er ist ihre Hilfe und Schild.
12 Der HERR denkt an uns und segnet uns; er segnet das Haus Israel, er segnet das Haus Aaron.

Habt ihr schon einmal etwas Wichtiges vergessen?
Ich weiss es noch genau:
Es ist meine zweite Taufe. Als damals angehender Pfarrer bin ich etwas unsicher. Mir fehlen noch die silbernen Sicherheitsstreifen hier an den Haaren. Und ich bin damals sehr bedacht darauf, dass alles fehlerlos läuft. Ich habe mich gerade mit der Taufgesellschaft um den Taufstein versammelt. Ich erkläre hochkonzentriert der Taufgesellschaft die Bedeutung der Taufe. Dabei merke ich, dass die Eltern und die Paten wiederholt die Stirn runzeln und nicht auf mich, sondern ins Taufbecken schauen. Da fährt mir ein Schreck in die Glieder. Es fehlt etwas Entscheidendes! Was fehlt? Das Taufwasser. Ich rufe in die Gemeinde: „Wir brauchen dringend Wasser.“ Die Gemeinde bricht in ein grosses Lachen aus. Nur zwei nicht. Der eine bin ich. Ich bin ganz erbleicht. Und da ist mein Mentor. Ein Pfarrer, der kurz vor der Pension steht. Der hat zum Ausgleich einen roten Kopf. Er vertritt den Kirchendiener, der seinen freien Tag hat. Mein Mentor hat nicht daran gedacht, das Taufwasser bereitzustellen. Darum rennt er quer durch die Kirche zum Taufstein, schnappt sich die leere Taufschale, eilt in die Sakristei, füllt diese mit Wasser. Und dann - ich sehe ihn noch heute vor mir: Stolpert er auf dem Rückweg vor dem Altar. Zum Glück kann er die gefüllte Taufschale gerade noch in den Händen behalten. Die Taufgesellschaft und die Gemeinde nehmen das alles mit Humor. Auch ich selbst kann heute darüber lachen.
Und trotzdem: Du wirst mir sicher zustimmen: Es macht einen unsicher, wenn man selbst oder jemand anderes etwas vergisst. Gerade in entscheidenden Momenten.

Ganz anders ist Gott. Gott vergisst nicht. Vor allen Dingen:
Gott vergisst **dich** nicht. ER denkt an Dich!
Und da sind wir auch beim ersten Punkt**. Unser Thema heute lautet: „Drei gute Nachrichten für dich.“** Und das ist Punkt eins: **Gott denkt an dich!** So steht es im Bibeltext.
In einem anderen Psalm sagt ein Beter von Gott: „Du hast mich gesehen, noch bevor ich geboren war.“ Soweit plant Gott für dich. Und darum:

Gott denkt an dich! Er weiss, was du in diesen Gottesdienst mitgebracht hast: Er weiss um deine Probleme. Er weiss um deine Sorgen.
Er weiss um deine Schwierigkeiten.
Gott denkt an dich!
Darf ich euch mal etwas Vertrauliches fragen: Ist jemand von euch tätowiert? Da mag es unterschiedliche Meinungen zum Thema Tätowieren geben. Für Gott ist es klar. Er ist absoluter Tätowierfan! Das steht sogar in der Bibel! Da steht: Gottes Hand ist tätowiert- und zwar mit deinem Namen: „Sieh ich habe dich in meine Hände gezeichnet. Ich habe deine Person, dein Bild, dein Anliegen, deine Verhältnisse, deine Bedürfnisse immer vor meinen Augen."

Und darum, Gott kann gar nicht anders: Gott **denkt an dich.** Lass dich deshalb nicht durch negative Gedanken beeinflussen. Immer, wenn in der neuen Woche in dir solche Gedanken hoch kommen wollen, sag':
„STOPP! Fort mit euch! Denn mein Herr und Gott denkt an mich!"

Gott denkt an dich. Das ist das ERSTE.
Gott geht aber noch einen Schritt weiter:

Gott hilft dir! Das ist die ZWEITE gute Nachricht: Gott hilft dir! Er hilft nicht nur Israel und dem Haus Aaron, der damaligen Priesterschaft.
Gott hilft D I R! Und diese Hilfe hat einen Namen.
Jesus! Wäre Jesus Schweizer (von welchem Kanton, sage ich jetzt aus Neutralitätsgründen nicht), würde er sicher *Gotthilf* heissen. Denn der Name **Jesus** bedeutet eben **„Gott hilft"**.
Und bei Jesus findest du wirklich grundlegende Hilfe: Vergebung, Heilung, Rettung.
Gläubige vieler Generationen haben es erlebt, was auch du erleben darfst: Gottes Hilfe geht mit dir durch alle deine Hindernisse hindurch.
Vielleicht fragst du dich manchmal auch:
Warum muss es überhaupt Hindernisse geben?
Warum klappen Dinge nicht beim ersten Mal?
Warum muss ich zB durch eine Prüfung fallen?
Wieso lässt meine Heilung solange auf sich warten?
Wieso komme ich bei einem Problem zurzeit einfach nicht weiter?

„Brust raus! Rücken gerade halten! Und jetzt das Gewicht langsam nach oben stemmen!"
Solche und ähnliche Kommandos höre ich von meinen Betreuerinnen im Fitnessstudio.
Hindernisse im Leben sind wie die Gewichte eines Fitness-Gerätes: sie stärken und trainieren uns. Würde Gott uns erlauben, ohne jedes Hindernis durchs Leben zu gehen, wären wir nicht so stark, wie wir sein könnten bzw. werden sollten.
-Sieh einmal deine derzeitigen Hindernisse von dieser Seite!

-Geh auf diesem Hintergrund deine Herausforderungen ganz bewusst durch! In jedem Fall darfst du eines wissen: Auch wenn etwas sich länger hinzieht mit seiner Lösung. -----**Gott denkt an Dich! Gott hilft Dir!**

Und die dritte gute Nachricht ist:
Gott segnet dich! Das heisst zum einen: Er ist dein Schild. Dreimal ist das im Bibeltext betont!
Sagt mal: Kennt ihr Captain America? Er ist Kämpfer für das Wahre und Gute. Besonderes Kennzeichen ist sein Schild. Dieses Schild ist hundert Mal härter als Stahl. Es wehrt sämtliche Angriffe ab. Selbst scharfe Kugeln fühlen sich damit an wie Watte. Nur eins: das ist reine Fantasie. Das ist eine Kinofigur. Gottes Segensschild jedoch ist real. Du kannst es erleben wie unser Psalmbeter:
Gott ist dein Schild in einem schwierigen Gespräch, in der neuen Woche.
Gott ist dein Schild in einer anstehenden Untersuchung.
Gott ist dein Schild, wenn du in der Schule eine Arbeit schreibst.
Wenn du in die neue Woche gehst, bitte denke daran: Gott ist dein Schild. Das darfst du eins zu eins nehmen.

Gott segnet dich! Das heisst zum anderen: Gott beschenkt dich! Und darum: Augen auf!
-Es ist früh morgens am Visper Bahnhof. Gleis 5.
Ich stehe mit meiner Frau am Bahnsteig. Der Zug fährt ein. Und da erleben wir einen Glücksfall. Die erste Klasse ist umdeklariert als zweite Klasse. Super! Aber viele gehen müde am Gratis-Erste Klasse-Schild vorbei und schlurfen in die zweite Klasse.
- Und so ist es auch sonst im Leben: Viele nehmen viele Segnungen, die Gott bereithält, gar nicht in Anspruch.
Auch bei den Israeliten ist das so. Das gelobte Land ist für die Israeliten immer da. Doch die Israeliten stehen sich selbst im Weg und wandern 40 Jahre durch die Wüste.
Du mach das anders: Greif zu, geniesse all den Segen, den Gott dir gibt.
- Notiere regelmässig alles auf, was in deinem Leben gut und schön ist.
Nimm diese Liste eine ganze Woche überall mit. So kannst du schnell und gezielt auf negative Gedanken reagieren und sie mit positiven Gedanken ersetzen.
Gott segnet dich! Das heisst schliesslich: Sei selbst ein Segen für andere!
Jetzt schlafen sie wieder. Nicht ihr! Ihr seid heute Morgen aufmerksam und wie immer voll bei der Sache. Ich meine die Regenwürmer. Sie halten bald ihren Winterschlaf.
Äusserlich sind Regenwürmer unscheinbare Tiere.
Regenwürmer sind blind, taub, stumm und haben noch nicht einmal einen irgendwie besonders schön und wohl geformten Körper. So ist es doch, oder? Und doch können diese Würmer dir und mir zum Vorbild werden. Mein Rat: Werde zum Wurm! Gerade dann, wenn es darum geht, Gottes Segen

weiterzugeben. Der Regenwurm trägt zur Auflockerung der Böden bei. Jemand rechnet vor, dass Regenwürmer auf einem Landstück von 10 Fussballfeldern jährlich ein Gewicht von mehr als 25 Tonnen Erde umgraben.
Dieser rege Wurm verdient eigentlich den Namen Segenswurm! Denn er ist ein Segen für die Erde. Und darum:
Werde zum Wurm! Tauche positiv in deine Umgebung ein:
-um verhärtete Beziehungen zwischen Menschen zu entspannen.
-um in deine Umgebung positiv durchzudringen
-um sie mit lebenswichtigem Sauerstoff des Glaubens und der Hoffnung anzureichern.
So kann der Regenwurm zu einem regelrechten persönlichen Wappentier von uns werden. Und darum: Wähle den Wurm!

In jedem Fall: Unter all den vielen Nachrichten, die täglich auf dich einstürzen, gibt es für dich ab heute drei gute:
Gott denkt an dich!
Gott hilft dir!
Gott segnet dich!

Das sind wirklich drei gute Nachrichten für dich! Mit denen du mit Schwung in deine neue Woche starten kannst. Ich wünsche dir viel Erfolg dabei. Amen.

„Was tun, wenn du die Krise kriegst?“ Psalm 116:

1 Ich liebe den Herrn, denn er hat mich erhört, als ich zu ihm um Hilfe schrie.

2 Ja, er hat sich zu mir herabgeneigt; mein Leben lang will ich zu ihm rufen!

3 Ich war schon gefangen in den Klauen des Todes, Angst vor dem Grab überfiel mich, ich war völlig verzweifelt.

4 Da schrie ich laut zum Herrn, ich flehte ihn an: "O Herr, rette mein Leben!"

5 Wie gnädig ist der Herr! Was er verspricht, das hält er auch. Unser Gott ist voll Erbarmen!

6 Er beschützt alle, die sich selbst nicht helfen können. Ich war in großer Gefahr, doch der Herr hat mir herausgeholfen!

7 Nun sage ich mir: "Werde wieder ruhig! Der Herr hat dir Gutes erwiesen!"

8 Ja, er hat mich vor dem sicheren Tod errettet. Meine Tränen hat er getrocknet und mich vor dem Untergang bewahrt.

9 Ich darf am Leben bleiben, in seiner Nähe.

10 Mein Vertrauen zu ihm blieb unerschüttert, auch als ich zugeben musste: "Jetzt weiß ich nicht mehr aus noch ein!",

11 auch als ich bestürzt ausrief: "Keinem Menschen kann man vertrauen!"

12 Wie soll ich dem Herrn nun danken für all das Gute, das er mir getan hat?

13 Beim Opfermahl will ich vor allen den Kelch erheben als Zeichen meines Dankes. Denn der Herr hat mich gerettet - das allein will ich bekennen!

14 So will ich vor Gottes Volk erfüllen, was ich dem Herrn versprochen habe.

15 Der Herr bewahrt alle, die ihn lieben, denn in seinen Augen ist ihr Leben wertvoll.

16 Gott, du bist mein Herr, und ich diene dir, wie meine Mutter es schon tat. Du hast mich den Klauen des Todes entrissen.

17 Deshalb will ich dir ein Dankopfer bringen; laut will ich bekennen, dass du mein Herr bist.

18-19 Vor deinem ganzen Volk - auf dem Vorhof des Tempels mitten in Jerusalem - will ich dir, Herr, meine Gelübde erfüllen. Halleluja!

Weisst du, was ich hier in der Hand halte? Das sind Schneeketten. Schneeketten für Fussgänger. Im vergangenen Februar bin ich zu einem Gottesdienst in Zermatt. Im Dorf ist es sehr glatt und ich hatte Schuhe mit wenig Profil. Und da habe ich diese Dinger hier vergessen. Ein Gottesdienstbesucher hat mich freundlicher Weise von der Kirche bis zum Bahnhof begleitet. Er hat mich mehrfach davor bewahrt, auszurutschen. Ja: Wie gut ist, es einen festen Halt zu haben. Das gilt fürs ganze Leben. Und am besten du suchst dir den grösstmöglichen Halt! Unser Thema heute: **„Was tun, wenn du die Krise kriegst?"**
Und die erste Empfehlung von Psalm 116 ist:

Halt dich an den Herrn! Und das lohnt sich.
Denn durch Gott hast du in jeder Krise den entscheidenden Halt. Denn:
ER steht zu dir, wenn du verzweifelt bist. ER steht zu dir, wenn andere dir zusetzen. ER steht zu dir. Auch wenn es hart auf hart kommt - auch in Todesgefahr ist er da.
Seine Stärke macht auch dich stark, und zusammen mit ihm kannst du die schwierigsten Situationen bestehen.
Alle diese Erfahrungen macht der Beter unseres heutigen Psalms
Er sagt es dir aus eigener Erfahrung: **In deiner Krise halt dich an den Herrn!**

Bitte hebt einmal die Hand: Wer von euch ist schwindelfrei? ---- Gratulation!
Aber was kann man machen, wenn einem tatsächlich schwindelig wird?
Ich selbst habe die Erfahrung gemacht: Wenn mir auf einem Turm oder auf einer Brücke schwindelig wird: Nur nicht nach unten schauen. Denn das zieht mich in die Tiefe. Sondern nach vorne schauen - das ist wichtig. Ich muss einen festen Punkt fixieren, ich brauche einen Fixpunkt. Im Glauben ist das genauso. Als Christ schau auf Jesus Christus! **- Halt dich an den Herrn!**

Bei allen Herausforderungen in der kommenden Woche, bei einem Gespräch, einem Arzttermin oder bei einer anderen Situation:
Lass dich nicht durch deine Gedanken nach unten ziehen, Gedanken wie „Ich schaff das eh' nicht. Das wird nichts. Das geht sicher schief." Mach das anders. Schau auf ihn! Lass Jesus Christus dein Fixpunkt sein. Und dann gehe Schritt für Schritt alles an.
Halt dich an den Herrn!
Wisst ihr, was das ist? Das ist ein Donut! ----- An diesem Donut hat mir neulich jemand den Unterschied zwischen einem Pessimist und einem Optimist erklärt:

Der Pessimist sieht das Loch, der Optimist sieht den Donut!
Und der optimistische Christ ???–Er bedankt sich für den Donut und er sieht auf den Herrn. Mach das genauso und:

Halt dich an den Herrn! Und dann erfährst du es wie der Beter von Psalm 116: Dein Glaube wächst durch eine Krise. Hast du das auch einmal gedacht: Wieso widerfährt gläubigen, guten Leuten Schlimmes? Diese Frage ist falsch gestellt. Die richtige Frage lautet: Was geschieht mit guten Menschen, denen Schlimmes widerfährt? Die Antwort lautet: Sie werden durch Gott zu noch besseren Menschen. Krisen kommen und gehen, Menschen, die sich an Gott halten, bleiben bestehen! Ja, sie wachsen in ihrem Glauben. Und darum:
Halt dich an den Herrn!

Aber nun das Zweite: **Rechne auch mit ihm!**
Rechne mit deinem Retter. Nicht nur in der Theorie, sondern ganz praktisch! Stell dir vor: Ein Matrose will auf einem Schiff anheuern. Der Kapitän fragt ihn: „Können Sie denn schwimmen?“ Der Matrose: „Nein, aber ich kann Hilfe rufen in acht Sprachen. “–Schau, das ist der Unterschied zwischen Theorie und Praxis. Theoretisch an Gott zu glauben ist das eine. Doch sich dann wirklich im richtigen Leben von Gott tragen zu lassen, ist das andere.

Rechne mit deinem Retter! Ganz praktisch! Wie der Beter vom Psalm 116.
Er rechnet mit Gottes Rettermacht. Auch wenn es ausweglos erscheint.
Es ist schon einige Jahre her: Ein 19jähriger Matrose wird nachts ohne Schwimmweste von Bord eines Schiffes gespült. Weit vor der afrikanischen Küste treibt er im Meer. Niemand sieht ihn. Aber trotzdem glaubt er an Gottes Hilfe. Immer wieder sagt er sich: *Gott rettet mich*. Der Matrose knotet die Beine seiner Arbeitshose zusammen und bläst die Beine auf. Er macht daraus eine Art Schwimmweste. Immer wieder wiederholt der junge Mann den Satz. *Gott rettet mich.* Nach elf Stunden findet ihn ein Linienfrachter. Kapitän und Besatzung staunen, einen Mann mitten im Ozean treiben zu sehen. Noch erstaunlicher: Das rettende Schiff ist aus unerklärlichen Gründen um 180 km vom gewohnten Kurs abgewichen. Um im riesigen Ozean einen kleinen Punkt, diesen in Not geratenen Matrosen, anzusteuern! Du siehst: Was ein Glaube, der dranbleibt, alles ausrichtet.

Und darum: **Rechne mit deinem Retter!** Auch gegen allen Anschein.
Überlege dir: Gibt es Bereiche in deinem Leben, wo du gar nicht mehr mit Gottes Eingreifen rechnest? Zum Beispiel:
-in deiner Gesundheit,
-im Umgang mit anderen Menschen,
-in einer bestimmten Situation?
Das solltest du ändern! Geh diese Bereiche einmal bewusst durch und: **Rechne mit deinem Retter!**

Denn seit Ostern weisst du: Nichts ist ihm unmöglich. Mit Jesus überwindet Gott sogar das grösste aller Probleme, den Tod. Darum wird er doch auch für dich einen Weg finden!

Rechne mit deinem Retter! Und:
Verlass die FFF! Verlass die Frustfragenfalle.
Frustfragen gehen so: **Warum** muss mir das immer passieren?
Solche Fragen stellt unser Psalmbeter nicht. Solche Fragen helfen auch nicht.
Mach das anders. Frage lieber so: **Wie** kann ich mit Gottes Hilfe die Situation ändern?
Stelle besser solche Wie-Fragen statt sinnloser Warum-Fragen!
Statt: „Warum hört mein Chef, mein Partner oder XY mir nie zu, wenn ich was von ihm will?" Frage, „wie kann ich es anstellen, dass mein Chef oder XY mir zuhört?" Bitte Gott um gute Ideen dazu!
Halt dich an den Herrn! Rechne mit deinem Retter!

Und jetzt das Dritte. Was tust du, wenn du deine Krise überstanden hast?
Mit Freunden einen trinken gehen? Sicher, das kannst du. Doch vorher tu noch was anderes:**Verarbeite deine Erfahrungen!** Bitte unterschätze diesen Punkt nicht!

Verarbeite deine Erfahrung, indem du Gott dankst!
Der Psalmbeter hat die Krise überstanden. Und er dankt persönlich Gott.
Es ist doch so. Viele fragen sich, wenn es ihnen schlecht geht: *Wie kann Gott das zulassen?* Und wenn es ihnen dann doch wieder gut geht, fragen sie sich: Krise überstanden, ok, wegen was sorge ich mich als Nächstes?
Du mach das anders. Mach es dir zur Gewohnheit, regelmässig dankbar auf dein Leben zu schauen.
Mach regelmässig einen Krisenkassensturz. Nimm diesen Psalm dazu her:
Der Psalm enthält starke Eigenschaftswörter über Gott. Geh dein Leben durch. Wo hast du den Herrn schon so erlebt wie der Psalmbeter: gnädig, gütig oder barmherzig? – Sammle das einmal -und DANKE Gott dafür!

Verarbeite deine Erfahrung, indem du deinen Dank an andere weitergibst.
Der Psalmbeter dankt so, dass andere das mitbekommen. Der Psalmbeter dankt so, dass andere davon profitieren! Denn wenn jemand im alten Israel dankt, läuft das so ab: Gott/die Priester bekommen einen Teil des Opfertieres und der Rest wird dankbar mit anderen Menschen geteilt.
Und wie kannst du deinen Dank weitergeben?
„Geldregen vom Kirchturm!" ---Diese Meldung geht letzten Herbst um die Welt: In Paraguay werden Banknoten von einem Kirchturm herabgeworfen, die 50 Gemeindemitglieder aus Dankbarkeit gestiftet hatten. Nur Kinder dürfen sie aufheben. Nicht, dass du jetzt Geld von unserem Kirchturm werfen musst.

Doch überlege es dir trotzdem, wie du ein Zeichen setzen kannst- ein Zeichen deiner persönlichen Dankbarkeit!
Unser Thema heute: „**Was tun, wenn du die Krise kriegst?**“
Und das sind die drei wirksamen Mittel:
1. Halt dich an den Herrn!
2. Rechne mit dem Retter!
3. Verarbeite deine Erfahrungen! Indem du deinen Dank an Gott und deine Umgebung weitergibst! Gott segne dich dazu. Amen.

„Danke!“ Psalm 145, 1ff.:

1Ich will dich erheben, mein Gott, du König, und deinen Namen loben immer und ewiglich.
2 Ich will dich täglich loben und deinen Namen rühmen immer und ewiglich.
4 Kindeskinder werden deine Werke preisen und deine gewaltigen Taten verkündigen.
5 Sie sollen reden von deiner hohen, herrlichen Pracht und deinen Wundern nachsinnen;
6 sie sollen reden von deinen mächtigen Taten und erzählen von deiner Herrlichkeit;
10 Es sollen dir danken, HERR, alle deine Werke und deine Heiligen dich loben.
14 Der HERR hält alle, die da fallen, und richtet alle auf, die niedergeschlagen sind.
15 Aller Augen warten auf dich, und du gibst ihnen ihre Speise zur rechten Zeit.
16 Du tust deine Hand auf und sättigst alles, was lebt, nach deinem Wohlgefallen.

Es ist auf einem Konfirmandenlager gewesen. Wir haben gerade einen Spieleabend gemacht.
Und nun geht es um die Siegerehrung. Meine Co-Betreuer und ich haben dazu eine Torte mit Wunderkerzen vorbereitet.
Wir löschen das Licht, zünden die Wunderkerzen an - und dann passiert es.
Mit einem riesigen Lärm geht der Feuermelder los. Erst in unserem Tagungsraum. Danach im ganzen Haus. Alle Hausbewohner strömen zusammen und wundern sich. Es dauert einige Zeit, bis wir den Feuermelder wieder abstellen können. Aber es hat schon alle überrascht, wie schnell dieser Feuermelder auf die nur allerkleinsten Funken einer Wunderkerze positiv reagiert hat.
Und wisst ihr: Dieser Psalm hier ist auch so was wie ein Melder. Er ist ein Dankesmelder, der bei uns innerlich positiv Alarm schlägt, wenn es was zu danken gibt. Dieser Psalm nennt uns jede Menge Gründe, wofür wir alles danken können - und sollen. Denn hier heisst es klar: Gottes Taten sollen von uns nicht verschwiegen werden!
Das ist Punkt eins: **Für was können wir alles danken?**
Darüber lohnt es sich, immer wieder nachzudenken.

Im hebräischen Urtext sind die Verse dieses Psalms alphabetisch angeordnet. Frage dich selbst: Wo kannst du in deinem eigenen Leben Gott von A-Z loben? Zum Beispiel: A wie Aufzug, der dir hilft, wenn du Schweres tragen musst oder Probleme beim Treppensteigen hast. B wie Bügeleisen. Wie oft hat dir das dein

Leben und das Leben deiner Familie erleichtert. Da können wir das ganze ABC durchgehen. Bis hin zu Zeit wie Zeitung, die dich darüber informiert, was in der Welt und hier in Visp passiert. Oder Z wie Zug, den wir selbstverständlich nutzen.
Denke einmal darüber nach: Was ist alles nötig, um diese selbstverständlichen Dinge des Alltags herzustellen. Wie viel von Gott geschenkte Intelligenz und Wissen stecken dahinter, denke darüber nach und danke dafür!
Denn so erkennst du, wie ER für dich sorgt!
Wir danken mit den Worten unseres Psalms auch für Gottes Sorge um uns zu rechter Zeit.
Überlege dir einmal, wo und wann in deinem Leben hat Gott dir zur rechten Zeit geholfen? Wann hat er dich wieder aufgerichtet, als du schwach warst? Wann bist du wieder aus einem Tal herausgekommen? Und das bist du, sonst wärst du heute nicht hier.
Jemand hat zu mir einmal gesagt: Wenn ein Tag vergeht, an dem uns nichts Schlechtes zustösst, an dem wir uns wohlbehalten abends zu Bett begeben können, dann war das eben nicht einfach selbstverständlich!
Und das stimmt.
Ja, es gibt noch Gott für so vieles zu danken. Wir danken Gott zB für seine Geduld mit uns. Für seine Vergebung.
Die zweite wichtige Frage ist: **Wie kann ich danken?**
David, der dieses Gebet als erstes gesprochen hat, gibt uns hier einen entscheidenden Hinweis. David sagt: *Ich will dich, Herr, täglich loben*, Lobe täglich! Wer täglich Gott lobt und dankt, der bleibt in Übung. Wie jemand, der ein Instrument übt.
In den letzten Jahren habe ich nicht mehr Klavier geübt. In den Ferien habe ich wieder begonnen. Es ist wirklich mühsam gewesen, bis ich langsam wieder hineinkam. Es wäre anders, wenn ich all die Jahre dran geblieben wäre. Und so ist es auch bei Gott. Darum lobe Gott täglich! Danke deinem Herrn Tag für Tag, bleib dran!
Am besten gleich zum Tagesbeginn. Unsere ersten Gedanken am Morgen sollten Gott gehören. Ein berühmter Prediger, Spurgeon, hat einmal gesagt: „Schaue morgens nicht einem anderen Menschen ins Gesicht, bis daß du nicht zuerst ins Angesicht Gottes geschaut hast. Mache keine Geschäfte mit der Welt, bevor du nicht dein Geschäft mit Gott gemacht hast."

Wie kann ich danken? Ein weiterer praktischer Schritt ist, von dem abzugeben, was wir haben. Auch dadurch danken wir Gott! Geben wir anderen zB ab von unserer Zeit. Geben wir anderen auch ab von unserer Kraft. Auch und gerade dadurch loben und danken wir Gott.

Wie kann ich danken? Du könntest dir zum Beispiel am Ende des Tages bewusst etwas aufschreiben. Du kannst das dann besser verinnerlichen und wertschätzen. Du könntest zB schreiben:

„Danke, dass heute ein wunderschöner Tag war. Danke: Ich wurde vollkommen überraschend eingeladen und es war sehr schön für mich. Ich bin dankbar, von Gott eine Lösung bekommen zu haben.“ So oder ähnlich könntest du das tun. –Und noch eins: Wie du dich auch und gerade bei anderen bedankst, dadurch kannst du auch Vorbild sein.

Eine Lehrerin erzählte mir: Sie hat in den letzten Monaten darauf geachtet, in angebrachten Situationen zu loben und sich zu bedanken, wenn Kinder etwas für sie getan haben. Sie bekam dadurch so viel zurück und sie will das weiterhin tun. Denn die Kinder reagieren jetzt anders auf sie. Vor allen Dingen wird sie auch darauf angesprochen. Die Schüler fragen: „Warum sie sich bedanken würde, das würde ja sonst kaum ein Erwachsener machen.“ Diese Reaktion zeigt ihr, dass wir dringend über unser Verhalten zu den Kindern und zu unseren Mitmenschen nachdenken sollten. Gerade, wenn es um das Thema „Dankbarkeit“ geht.

Und es ist doch so: Negatives zählt heute. Untersuchungen haben ergeben: Wir konzentrieren uns vielmehr auf Dinge, die uns erschrecken, als auf Dinge, die uns aufheitern. Ich kaufe eher eine Zeitung mit der Schlagzeile: „Kriegsausbruch droht“ als „Gemeindeverwaltung unterstützt Familie in Not.“ Darum müssen wir nicht nur den Kindern, sondern allen Menschen in unserer Umgebung Vorbild im Danken sein! Da ist es die Aufgabe der Christen, durchs Danken Reklame in positiver Weise für das Reich Gottes zu machen! Den vielen schlechten Nachrichten haben wir das Evangelium, die gute Nachricht und alles andere Gute, was passiert, gegenüberzustellen. Teile deine Dankbarkeit mit anderen! Haben wir als Christen den Mut, sich von den Jammerern zu unterscheiden - seien wir dankbar!

Wir haben uns gefragt: **Für was können wir danken?** Und: **Wie können wir danken?** Lasst uns noch eine dritte und letzte Frage betrachten:

Was bringt mir das Danken?

„Ich glaube, die beste Definition des Menschen lautet: undankbarer Zweibeiner“, so schreibt der russische Dichter Dostojewski.

Ich selbst behaupte glatt das Gegenteil: Wir Zweibeiner werden erst richtig zu Menschen, wenn wir danken.

Durch Loben und Danken siehst du über deinen eigenen Tellerrand raus.

Durch Loben und Danken gehen dir die Augen auf. Dir gehen die Augen für Gottes Reichtum, Geschenke und Möglichkeiten auf.

Durch Loben und Danken verschwindet deine Unzufriedenheit.

Durch Loben und Danken lernst du aufs Wesentliche zu schauen.

Durch Loben und Danken bleibst du nicht im Klagen stecken. Loben und Danken zieht wirklich aus dem persönlichen Loch nach oben.

Wer lobt und dankt, erkennt deutlicher, wie viel Gutes Gott tut. Der kommt leichter durch eine schwierige Situation.

Es ist erwiesen, dass ein dankbarer Mensch leichter mit Problemen fertig wird. Wenn wir dankbar sind für das, was wir haben, bekommen wir Kraft, entschlossen mit Gottes Hilfe zu handeln. Wenn wir unseren Blick nur auf unsere Unzulänglichkeiten und Probleme richten, ziehen wir uns nur gegenseitig nach unten. Als dankbare Menschen fällt es uns leichter, Lösungen für unsere Probleme zu finden. Durch Loben und Danken wirst du daran erinnert, dass Gott für dich da ist.

Menschen, die ihr Leben gesünder, glücklicher, reicher, intensiver und erfüllter leben, verbindet etwas sehr Einfaches: Sie sind dankbar! Unser heutiger Psalm will dir dabei helfen, dass auch du dankbar bist und bleibst. Nimm diese Verse immer wieder für dich persönlich her und überlege dir:

1. Für was kannst du dankbar sein? 2. Wie kannst du danken und 3. welchen grossen Gewinn hast du davon? Lasst uns immer wieder in die Verse unseres Psalms voll einstimmen! *Ich will dich täglich loben und deinen Namen rühmen immer und ewiglich.* Amen.

„Was dich wirklich trägt.“ Psalm 146:

1 Halleluja! Lobe den HERRN, meine Seele! / 2 Ich will den HERRN loben,
solange ich lebe, und meinem Gott lobsingen, solange ich bin. 3 Verlasset euch
nicht auf Fürsten; sie sind Menschen, die können ja nicht helfen. 4 Denn des
Menschen Geist muss davon, / und er muss wieder zu Erde werden; dann sind
verloren alle seine Pläne. 5 Wohl dem, dessen Hilfe der Gott Jakobs ist, der
seine Hoffnung setzt auf den HERRN, seinen Gott, 6 der Himmel und Erde
gemacht hat, das Meer und alles, was darinnen ist; der Treue hält ewiglich, / 7
der Recht schafft denen, die Gewalt leiden, der die Hungrigen speiset. Der
HERR macht die Gefangenen frei. 8 Der HERR macht die Blinden sehend. Der
HERR richtet auf, die niedergeschlagen sind. Der HERR liebt die Gerechten. 9
Der HERR behütet die Fremdlinge / und erhält Waisen und Witwen; aber die
Gottlosen führt er in die Irre. 10 Der HERR ist König ewiglich, dein Gott, Zion,
für und für. Halleluja!

Neulich stehe ich auf dem Bahnsteig in Visp. Ich warte auf den Zug nach Bern. Der Bahnsteig ist recht gut mit Reisenden gefüllt. Ein Tourist steht neben mir und jammert laut: „Was für eine Katastrophe! So viele Leute. Da werde ich ja nie einen Sitzplatz finden.“ Der Zug kommt. Wir steigen ein. Es bleiben sogar noch Plätze frei. Doch das ist nur eine Möglichkeit, warum man jammern kann: Jammern aus Sorge, dass man keinen Sitzplatz mehr bekommt. Weswegen kann man noch jammern? Jammern wegen der Arbeit.
Jammern wegen dem Essen. Jammern wegen den Steuern. Über das und noch viel mehr kannst du alles jammern.
Nur eins: Jammern hilft nicht. Ich wünschte mir darum: Möglichst viele sollten ein T-Shirt tragen mit der Aufschrift, „Jammern hilft nicht.“ Damit wir es immer vor Augen haben. Damit wir uns gegenseitig daran erinnern: Jammern hilft nicht. Denn Jammern zieht nach unten, macht alles nur noch schlimmer. Unser Psalm 146 bietet dir dabei eine echte Alternative an.
Unser Thema lautet **„Was dich wirklich trägt“.** Und genau das ist der erste Punkt, den dir unser Psalmbeter empfiehlt:
Bau auf **Loben statt Jammern.**
Bitte verstehe mich recht: Du darfst Gott alles sagen und klagen, was du auf dem Herzen hast. Im Gegensatz zum sinnlosen Jammern hat zielgerichtetes Klagen jedoch eine Adresse. Und entscheidend ist dabei, dass du wieder die Kurve kriegst. Und diese Kurve heisst eben LOBEN. Und darum:

Bau auf **Loben statt Jammern.**
Denn Loben stärkt deine Beziehung zu Gott.

Eine Ehefrau sagt zu ihrem Mann: „Liebst du mich eigentlich noch?" Darauf die Antwort: „Klar liebe ich dich, das habe ich dir doch vor 30 Jahren bei unserer Hochzeit gesagt. Falls sich was daran geändert hätte, hätte ich dir das schon längst mitgeteilt."
Wir schmunzeln über dieses Beispiel. Aber du stärkst deine Beziehung dadurch, dass du deine Verbundenheit mit jemandem regelmässig in Worte fasst. So ist es auch mit Gott. Und darum:

Bau auf **Loben statt Jammern.** Denn Loben stärkt deine Gedanken.
Letzten Dienstag verweigert unser Staubsauger seine Arbeit. Seine Saugkraft geht gegen Null. Der Grund ist schnell gefunden. Das Saugrohr ist verstopft. So ist das oft auch bei uns selbst. Negative Gedanken verstopfen unser Denken und rauben uns unsere Kraft.
Darum ist das beste Reinigungsmittel für unsere Gedankengänge, Gott zu loben. Wenn du Gott lobst, passiert oft folgendes: Loben führt dich in eine befreiende Dankbarkeit. Dir fallen Sachen ein, für die du Gott persönlich danken kannst. Ein Beispiel: Du lobst Gott für seine Schöpfung - und du denkst dankbar an die schöne Wanderung, die du neulich gemacht hast. Du lobst Gott für seinen Sohn Jesus Christus und du bist dankbar für die Vergebung, die du durch ihn erlebt hast. Du lobst Gott für seine Treue und du denkst daran, wie er dich täglich versorgt und du dankst ihm, dass du keinen Mangel leiden musst. - In jedem Fall: Als das Saugrohr unseres Staubsaugers wieder frei ist und wir den Staubsauger wieder angeschaltet haben, da macht unser Staubsauger einen regelrechten dankbaren Freudenjauchzer. Fast einen Befreiungs-Jodler - es ist eben ein Schweizer Staubsauger. So darf es auch bei dir sein. Und darum:

Bau auf **Loben statt Jammern.** Denn Gott zu loben, gehört zum Christsein.
Christsein, ohne Gott zu loben, ist sonst wie
-Rösti ohne Kartoffeln
-ein Walliser Wein-Glas ohne Inhalt.
-ein Raclette ohne Käse. Kannst du dir das vorstellen? Ich nicht! Und darum:
-Nimm dir in der kommenden Woche diesen Psalm immer wieder her. Lies ihn dir immer wieder bewusst durch. Und mach genau das:

Bau auf **Loben statt Jammern**. Das ist das ERSTE, **was wirklich trägt**.

Jetzt kommt das Zweite, was Psalm 146 dir sagt: Bau auf **Gotteskraft statt Menschenmacht.** Im Psalm heisst es: Verlass dich nicht auf die Mächtigen, sie sind Menschen, die können ja nicht helfen.
Und darum: **Bau auf Gotteskraft statt Menschenmacht.** Denn Gottes Kraft hilft dir aus der Klemme.
In meiner Kindheit hatten wir immer Katzen zu Hause. Darum weiss ich: Katzen sind gelenkig. Katzen können viel. Doch Katzen verschätzen sich auch manchmal. Eine unserer Katzen hat die Angewohnheit durch das gekippte

Küchenfenster zu springen. Das ist für sie einfach der kürzeste Weg. Doch immer wieder passiert es. Sie bleibt im gekippten Fenster hängen. Da gibt es kein Vor und Zurück. Die Katze sitzt in der Klemme. Oder: Einmal war unsere Katze verschwunden. Eben war sie doch noch in der Küche? Sie kann sich doch nicht in Luft aufgelöst haben? Plötzlich hören wir ein ganz leises „Miau". Es kommt aus dem Kühlschrank. Die Katze ist beim Öffnen der Kühlschranktür unbemerkt hineingeschlüpft. Sie wähnt sich im Wurst-Paradies. Ich öffne die Türe. Und da steht sie. Sie tritt auf der Stelle als will sie mir zeigen: kalte Füsse, kalte Füsse. Ohne unsere Hilfe wäre die Katze nie mehr aus diesen Situationen herausgekommen. So ist es bei uns Menschen auch. Wir sitzen so manches Mal in der Klemme. Vielleicht geht es Dir gerade heute genauso. Da braucht es eine höhere Kraft. Da braucht es Gotteskraft, um dich herauszuholen. Und darum:

Bau auf **Gotteskraft statt Menschenmacht.**
Denn Gott hat den Überblick.
Es gibt eine Fliegenart, die heisst Eintagsfliege, die lebt nur einen Tag. Wenn sie an einem Tag des Sonnenscheins geboren wird und sie stirbt, wird sie sagen: "Auf der Erde ist es immer warm und trocken." Das ist das, was sie in ihrem Leben erlebt hat. Sie hat nie Regen erlebt - für sie ist es logisch, dass es so etwas gar nicht gibt. Als Menschen können wir da mehr wissen. Wir haben den Überblick über viel mehr Zeit. Den grössten Überblick hat aber Gott.
Denn Gott ist ewig. Und darum:-Wo steckst du zurzeit in der Klemme?
-Wo hast du zurzeit den Überblick verloren?

Bau auf **Gotteskraft statt Menschenmacht.**
Denn Gott gibt dir eine Antwort auf deine Fragen.
Wie könnte Gott dir heute auf eine deiner Fragen antworten?
Zum Beispiel durch ein bestimmtes Bibelwort.
Oder es kann auch sein, dass sich eine unerwartete Möglichkeit auftut.
Oder Gott schickt dir ermutigende Gedanken.

Bau auf **Gotteskraft statt Menschenmacht.**
Unser Thema lautet **„Was dich wirklich trägt".** Zwei Sachen hast du dazu schon gehört:
1. Loben statt jammern. 2. Gotteskraft statt Menschenmacht.
Und jetzt kommt das Dritte, das dich trägt.

Bau auf Gottes Wort statt auf leere Versprechungen. "Viele versprechen Berge und machen dann Maulwurfshügel." So sagt ein griechisches Sprichwort. Ganz anders ist das bei Gott. Mach mal eine Inventur! Überleg dir das einmal: Wo hat Gott dir schon geholfen?
-Wo hat er dir nach den Worten unseres Psalms die Augen geöffnet?
-Wo hat er dich befreit von Lasten, einem Problem oder von Schuld?
-Wo hat er dich wieder aufgerichtet?

Und dann schau auch auf die Gegenwart:
Was heisst das für deine gegenwärtige Situation? Weswegen bist du heute niedergeschlagen? Wovon bist du heute gefangen?
Wo fühlst du dich einsam, verwaist und verlassen?
Bitte denke immer daran: Kein Fall ist für Gott zu schwierig. Keine Situation ist für ihn endgültig. IHM ist alles möglich. Auch in allem Negativen:

Bau auf **Gottes Wort statt auf leere Versprechungen**
In diesem Zusammenhang hat mich eine Aussage im Bibeltext besonders bewegt. Gott führt die Gottlosen in die Irre. Neulich lese ich über Stalins Tochter Swetlana. Der brutale Christenverfolger Stalin hat den Plan, aus seiner Tochter eine perfekte Kommunistin zu machen. Doch Stalin irrt sich gewaltig. Heimlich wird Stalins Tochter Swetlana Christin. Sie sagt: „Ich habe gemerkt, dass es unmöglich ist, ohne Gott zu leben." Ist das nicht ausserordentlich, wie Gott führt, denkt und lenkt - trotz aller negativen Pläne von mächtigen Menschen? Gottes Wort hält tatsächlich, was es verspricht. Das gilt auch für dich!

Unser Thema heute ist: „**Was dich wirklich trägt**." Du hast es gehört. Es trägt: **Loben statt Jammern - Gotteskraft statt Menschenmacht - Gottes Wort statt leerer Versprechungen.**
Darum: Lass dich heute, in der neuen Woche, in deinem ganzen Leben von Gott tragen. Er segne dich dazu. Amen.

„So überwindest du deine Probleme.“ Jesaja 40, 31:

Die auf den HERRN harren, kriegen neue Kraft,
dass sie auffahren mit Flügeln wie Adler,
dass sie laufen und nicht matt werden,
dass sie wandeln und nicht müde werden.

Gibt es jemand, der dich in deinem Leben besonders beeindruckt hat?
Als Primarschüler habe ich eine aussergewöhnliche Turnlehrerin.
Aussergewöhnlich an ihr: Sie ist erst zufrieden, bis auch der letzte von uns die vorgeschriebene Turnübung beherrscht.
Aussergewöhnlich ist auch, dass sie regelmässig mit uns betet. Und sie kann aussergewöhnlich gut Geschichten erzählen. Eine Geschichte bewegt mich bis heute. Und zwar wie sie als junges Mädchen ihren Vater um Erlaubnis bittet, auf eine weiterführende Schule zu gehen. Ihr Vater ist der Meinung: „Höhere Schulen sind nichts für Mädchen! Mädchen heiraten später sowieso.“ Diese Einstellung ist zur damaligen Zeit durchaus normal. Aber unsere Turnlehrerin lässt nicht locker. Jeden Tag bittet sie ihren Vater um die Erlaubnis. Der Vater sagt jedes Mal ein entschiedenes NEIN. Eines Tages fügt er hinzu: „Es bleibt bei meinem NEIN. Da musst du dich schon auf den Kopf stellen, dass ich JA dazu sage.“ Ab diesem Tag hört unsere Turnlehrerin auf, bei ihrem Vater nachzufragen. Wochenlang schweigt sie zu diesem Thema. Eines Abends wird sie zum Essen gerufen. Doch sie kommt nicht zu Tisch. Der Vater steht auf, geht ins Zimmer seiner Tochter. Und da fällt ihm die Kinnlade herunter. Seine Tochter steht mitten im Zimmer - auf ihrem Kopf. Und sie fragt ihren Vater: „Lässt du mich jetzt aufs Gymnasium gehen?“ Gegen diese Art von Beharrlichkeit ist der Vater machtlos. Noch an diesem Abend unterschreibt er die Anmeldung für die höhere Schule.

Unser Thema heute: **„So überwindest du deine Probleme**.“ Und genau das ist der erste Punkt! In allen deinen Problemen: Sei beharrlich. **Harre auf Gott!** So sagt es Jesaja.
HARREN heisst zum einen „bleib dran!“. Auch wenn etwas zB beim ersten Mal nicht funktioniert. Falls dir das passiert, streiche Worte wie: „Wenn ich nur… hätte ich nur…“- Lerne zu sagen: „Nächstes Mal. Nächstes Mal schaffe ich es mit Gottes Hilfe…“ -Diese Einstellung bringt dich in deinen Problemen weiter.

Harre auf Gott! Das heisst auch: Verbinde dich mit Gott! Das Wort „Harren“, kommt von der hebräischen Sprachwurzel KAWAH. Das ist kein Schokotrunk,

sondern bedeutet: „zusammenbinden“ Im „Harren auf Gott“ bindest du dich fest mit ihm zusammen. Verbünde dich mit Gott gegen dein Problem!
Stell dir vor: Dein Leben ist wie ein einzelner Faden. Ein Faden allein kann leicht kaputtgehen. Wenn man einen Faden aber mit einem starken anderen zusammendreht dann ist er stabil. Verbinde dich daher mit Gott!
„Ich bin unkaputtbar.“ So hat mir mal ein Kind gesagt hat. Es ist hingefallen und ich wollte ihm aufhelfen. Nicht nötig, ruft das Kind: „Ich bin unkaputtbar“ - und es rennt weiter. Das dürfen wir auch als grosse Kinder Gottes wissen. Durch die Verbindung zu Jesus Christus bist du sogar in Ewigkeit unkaputtbar! Dafür ist Jesus ans Kreuz gegangen - und wieder auferstanden! Und darum:

Harre auf Gott! Das heisst auch: Sei erwartungsvoll!
Was das bedeutet, hat mir eine Küchenhilfe gelehrt. Ich bin zu Gast in einem Restaurant. Zwischen Gaststube und Küche ist ein offenes Fenster. Und da sehe ich es: Eine junge Frau sortiert die Teller von der Geschirrmaschine aus. Bei jedem zweiten Teller streckt sie erwartungsvoll den Kopf durchs Fenster in die Gaststube. Und erst recht, wenn die Tür aufgeht. Da strahlt sie über das ganze Gesicht. Das geht eine Weile so. Dann öffnet sich wieder einmal die Gasthaustür. Herein kommt ein junger Mann. Das ist offensichtlich ihr Freund. Ein Begeisterungsschrei der jungen Frau ertönt durch die Wirtstube, dass mir fast die Gabel aus der Hand fällt. Die junge Frau, reisst die Schürze runter, rennt aus der Küche und wirft sich dem jungen Mann in die Arme.
Das wünsche ich dir, dass du so erwartungsvoll im Glauben bist! Dass du dann entschlossen zupackst, wenn Gott dir eine Gelegenheit zur Lösung deines Problems zeigt.
Das führt zum Zweiten. Jesaja sagt: Die auf den Herrn harren, werden auffahren wie Adler. Frage: Was muss ein Adler tun, wenn er auffahren will? -Er muss sein Nest verlassen! Er muss den Absprung wagen!

Das Zweite ist darum: **Wage den Absprung!**
Stell dir vor: Es war einmal ein legendärer Tennisspieler. Nie verfehlte er einen Ball, und nie schlug er einen ins Aus. Niedrige Bälle, die nur Millimeter übers Netz zischten, waren für ihn kein Problem. Sein erster Aufschlag sass immer, in entscheidenden Situationen schlug er nur Asse. Es gelang ihm, jedes Spiel zu seinen Gunsten zu wenden. Er war auch nach zwei Stunden Match flink wie eine Gazelle, wurde niemals müde. Der Schweizer Tennisprofi Roger Federer wäre ein Waisenknabe gegen diesen Mann. Tatsächlich wäre dieser Mann einer der grössten Tennisspieler aller Zeiten gewesen, wenn man ihn nur einmal dazu hätte bewegen können, sein Bier zur Seite zu stellen und von der Zuschauertribüne endlich runter auf das Spielfeld zu steigen. Dieser Mann war nur ein blosser Zuschauer, ein reiner Theoretiker, ein Wissensriese, aber ein Umsetzungszwerg. Du mach das anders. Geh von der Theorie in die Praxis.
Wag den Absprung!
Darum hör auch auf, Dinge ständig vor dir herzuschieben.-

Die vier grössten Ausreden, seine Probleme anzupacken sind für manch einen: Frühling, Sommer, Herbst und Winter.
–Mach das anders: **Wag den Absprung!** Geh die verschiedenen Bereiche deines Lebens durch. Familie, Freunde, Nachbarn, Arbeit. Und frage dich:
Wo schiebst du da etwas vor dir her? Wo solltest du dich mit jemand aussprechen, wo das schon lange nötig ist? Wo solltest du eine bestimmte Arbeit anpacken? Wo wolltest du eine gute Idee endlich umsetzen?

Wag den Absprung! Geh von der Nestphase in die Testphase! Denn du hast eine GFV! Weisst du das? Du hast eine **g**eniale **F**lug**v**ersicherung! WIE EIN ADLER!
Denn weisst du, wie das ist, wenn Adler fliegen lernen? Manche Adler packen es beim ersten Versuch. Manche aber stürzen wie ein ungeöffneter Fallschirm nach unten. Dann kommt die Adlermutter blitzschnell und fängt das Adlerjunge auf und nimmt es auf ihre Flügel. – So darfst auch du denken: Der Herr fängt mich auf, auch wenn ich scheitern sollte! Und darum probiere ich jetzt. Ich probiere jetzt mein Problem mit seiner Hilfe anzupacken!
Und darum: **Wag den Absprung!**

Stimmt's? -Adlerfedern brauchen Pflege! Und wie pflegt ein Adler sich?
Ein Adler mausert sich - er wechselt die alten Federn für die neuen aus. Eventuell musst auch du Federn lassen, dich von Ballast befreien, um wieder richtig durchstarten zu können. Was für ein Ballast kann das sein?
-Negative Gedanken -bedrückende alte Geschichten -eine unvergebene Schuld.
Was auch immer. Auch da kannst du den Herrn bitten, solchen Ballast loszulassen.

Harre auf Gott! Wag den Absprung! Das ist wichtig, richtig, gut. Doch jetzt fragst du dich: Was, wenn trotz allem dein Problem immer noch da ist!?
Wenn du vielleicht chronische Schmerzen hast.
Wenn dir eine Versöhnung nicht gelingt, weil der andere deine Hand ausschlägt.
Wenn du trotz allem Bemühen an eine Grenze stösst.

Da ist jetzt etwas Drittes wichtig! Nämlich: **Lass dich tragen!**
Ich nehme an, du weisst das: Vögel haben verschiedene Flugtechniken. Da ist zB das Flattern. Es macht schnell müde. Viel besser ist das Segeln. Segeln heisst sich tragen lassen von Gottes Thermik.
Wenn du ein Problem nicht lösen kannst, dann kannst du es mit Gottes Hilfe „über---winden“. Gottes Wind, Gottes Kraft heben dich über dein Problem. Dein Problem mag noch da sein. Aber Gott stellt dich darüber.

Lass dich von IHM tragen! Ich habe zum Beispiel eine Kollegin mit einer angeborenen schweren Diabetes. Bei ihrer Anstellung als Pfarrerin hatte man grösste Bedenken, ob sie das überhaupt schaffen kann. Ihr Glauben und ihre

Einstellung helfen ihr trotzdem ihren Dienst zu tun. Heute engagiert sie sich neben ihrer eigentliche Stelle sogar noch zusätzlich für die Gesamtkirche. Diese Frau legt eine Energie an den Tag, die viele verblüfft.
Überwinde auch du dein Problem, indem du dich von Gott tragen lässt!

Lass dich tragen!
Sprich zu Gott und sag ihm: „Herr, ich komme in diesem Problem mit meiner eigenen Kraft nicht weiter:
Ich komm nicht weiter mit meinen Schmerzen,
ich komm nicht weiter mit einem bestimmten Menschen,
ich komm nicht weiter mit einer bestimmten Situation. So sieht es aus bei mir. ABER: Ich lass mich daher jetzt von dir ganz bewusst tragen: von deinem Geist, von deiner Kraft, von deinem Wort!
Gib mir heute die Gelegenheit, der Welt zu zeigen, dass DU mich trägst! Trotz aller meiner Probleme!“ Damit du auch in Zukunft daran denkst, habe ich unseren heutigen Bibeltext auf einer Bildkarte. Wenn du mir dieses V –Zeichen gibst, heisst das: Du willst noch eine zweite Karte. Für jemanden, den du bewusst diese Karte weitergeben möchtest. Damit er wie du daran denkt: Mit Gott packst du deine Probleme. Denk immer an die drei Dinge:

Harre auf Gott!
Wag den Absprung! (Geh in die Praxis)
Und lass dich von ihm tragen! Gott segne dich dazu. Amen.

„Palmsonntag, deine Chance!“ Matthäus 21,1-9:

1 Als sie nun in die Nähe von Jerusalem kamen, nach Betfage an den Ölberg, sandte Jesus zwei Jünger voraus

2 und sprach zu ihnen: Geht hin in das Dorf, das vor euch liegt, und gleich werdet ihr eine Eselin angebunden finden und ein Füllen bei ihr; bindet sie los und führt sie zu mir!

3 Und wenn euch jemand etwas sagen wird, so sprecht: Der Herr bedarf ihrer. Sogleich wird er sie euch überlassen.

4 Das geschah aber, damit erfüllt würde, was gesagt ist durch den Propheten, der da spricht (Sacharja 9,9):

5 »Sagt der Tochter Zion: Siehe, dein König kommt zu dir sanftmütig und reitet auf einem Esel und auf einem Füllen, dem Jungen eines Lasttiers.«

6 Die Jünger gingen hin und taten, wie ihnen Jesus befohlen hatte,

7 und brachten die Eselin und das Füllen und legten ihre Kleider darauf und er setzte sich darauf.

8 Aber eine sehr große Menge breitete ihre Kleider auf den Weg; andere hieben Zweige von den Bäumen und streuten sie auf den Weg.

9 Die Menge aber, die ihm voranging und nachfolgte, schrie: Hosianna dem Sohn Davids! Gelobt sei, der da kommt in dem Namen des Herrn! Hosianna in der Höhe!-

Neulich lese ich folgende Umfrage: Was würdest du tun, wenn du König der Schweiz wärst?
Ich gebe diese Frage an jeden von euch weiter: Was würdest du tun, wenn du Helveticus oder Helvetia der/die Erste bist? In der Umfrage gibt es dazu folgende Antworten. Jemand sagt: Als König kaufe ich mir einen Porsche Cayenne Turbo S. Der hat 550 Pferdestärken und beschleunigt von 0 auf 100km in 4,5 Sekunden. Andere geben folgende Antworten:
Ich würde als König unnötige Bürokratie abschaffen. Oder jemand sagt:
Ich würde alle Steuerschulden streichen. Oder:
Ich würde versuchen, möglichst volksnah zu regieren. In jedem Fall: Viele würden die Chance so richtig nutzen, König zu sein.

Unser heutiges Thema lautet: Palmsonntag, deine Chance! Und da ist es jetzt interessant, wie Jesus seine Chance als König nutzt. Als umjubelter König zieht er in Jerusalem ein. Doch statt mit einem Porsche Cayenne kommt er mit einem Esel daher. Wie lange braucht der wohl von 0 auf 100? Und wie viele Pferdestärken hat so ein Esel? Kann man das ausrechnen? Und geliehen ist der Esel auch noch. Da fragst du dich doch: Das soll ein König sein? Lohnt es sich überhaupt zu solch einem König wie Jesus zu kommen? Lohnt es sich, bei seinem Königreich dabei zu sein? Ich sage dir JA, JA und nochmals JA!
Nutze deine Chance und finde gerade zu diesem König Jesus!

DAS ist das Erste. **Finde zu Jesus.**
Gerade WEIL er einen Esel und keinen Porsche Cayenne hat. Denn er ist ein König zum Anfassen. Bei ihm gibt es tatsächlich keine unnötige Bürokratie. Denn auf diesem Esel ist Jesus auf Augenhöhe zu den Menschen. Er schaut direkt in die Gesichter. Er ist wirklich volksnah. Er hört auch deine Hosianna-Rufe. „Hosianna", das heisst: „Hilf doch!" Er sieht auch deine Schwierigkeiten. Er erfasst deine Not. Deine Schmerzen. Deine Probleme. Was hast du heute Morgen in diese Kirche mitgebracht? Her damit! Du kannst ihm alles übergeben. Und darum:

Finde zu Jesus! Es ist zwar so: Deine Steuerschulden musst du als Christ schon weiterhin selbst bezahlen. Nur die wenigsten können wie der französische Schauspieler Gerard Depardieu im letzten Januar einen russischen Pass bekommen, um das zu umgehen. Aber es gibt eine noch viel wichtigere und umfassendere Schuldenbefreiung. Jesus zieht in Jerusalem ein, um für dich bis zum Kreuz zu gehen. Damit du hier innen drin wirklich frei wirst. Damit du inneren Frieden findest.
Das ist 1000mal wichtiger als alles Steuerschuldensparen. Falls du da eine Lebenslast, eine alte unverarbeitete Sache auf dem Herzen hast, zögere auch da nicht, sondern:

Finde zu Jesus!

Das ist das Erste. Und daran schliesst sich gleich das Zweite an:
Frage, wo Jesus dich braucht!
Sagt mal: Geht euch das auch so? Mich beeindruckt in dieser Geschichte immer wieder dieser Besitzer vom Esel. Von dem Esel, auf dem Jesus nach Jerusalem einreitet. Dieser Mann scheint Jesus offensichtlich zu kennen. Der Eselsbesitzer stellt gerne und ohne Zögern Jesus Esel samt Fohlen zur Verfügung. Frage, wo Jesus dich braucht. Ja, frag dich das auch. Wo kannst du das tun - Jesus etwas zur Verfügung stellen?
Von dem, was du hast, von deinen Gaben, von deinen Talenten? Es ist doch schade, wenn die nicht zum Einsatz kommen! Stell dir vor:
Ein Mann liegt in den letzten Tagen seines Lebens im Bett. Er erwacht und sieht eine grosse Gruppe von Gestalten, die sich um sein Bett versammelt haben. Ihre Gesichter strahlen Wertschätzung aus, sind aber traurig. Verwirrt lächelt der Mann und flüstert: "Ihr müsst die Freunde meiner Kindheit sein, die gekommen sind, um mich zu trösten. Ich bin euch so dankbar, dass ihr da seid." Da kommt eine Gestalt näher, nimmt die Hand des Mannes und antwortet: "Ja, wir sind deine besten und ältesten Freunde, aber du hast uns schon vor langer Zeit verlassen und aufgegeben. Wir sind die nicht wahrgenommenen Chancen. Wir sind die nicht realisierten Hoffnungen, Träume und Pläne, die du einst tief in deinem Herzen gefühlt, aber niemals verfolgt hast. Wir sind deine einzigartigen Talente, deine besonderen Begabungen, die du niemals entdecken wolltest. Alter Freund, wir sind nicht gekommen, um dich zu trösten, sondern um mit dir zu sterben." ---
Ich weiss nicht, wie es dir bei dieser Geschichte geht. Aber ich denke: Das ist doch schade oder? Darum setze deine Gaben ein, solange du das tun kannst.
Ich denke an ein Gemeindemitglied. Sie hat ein grosses Herz für unsere Kirche. Ich war letzten Herbst zu ihrem 90. Geburtstag eingeladen. Vor einigen Wochen erhalte ich von ihr einen Brief. Sie war auf Sumatra und hat dort eine Hilfsaktion für Orang-Utans gestartet. Diese sind dort vom Aussterben bedroht. Diese Frau kümmert sich um benachteiligte Menschen genauso wie um Tiere. Und als ob er es gewusst hätte, ein Orang-Utan hat sie sogar geküsst. Ich bewundere diese Frau. Wobei, verstehe mich richtig: Du brauchst nicht durch den Dschungel von Sumatra zu fahren. Du brauchst dich nicht von Orang-Utans küssen zu lassen. Du hast wieder andere Qualitäten von Gott bekommen: Du kannst vielleicht gut zuhören, Kuchen backen oder etwas von deinem Wissen weitergeben. Entscheidend ist:
Setze deine Gaben für Jesus ein! Frage, wo Jesus dich braucht!
Frage, wo du in seinem Namen diese Welt ein Stück besser machen kannst!
Frage, wo du etwas für sein Königreich tun kannst.
Unser Thema heute lautet: Palmsonntag, deine Chance! Du hast bist jetzt zwei Punkte gehört: Nutze deine Chance und:
Finde zu Jesus!
Frage, wo Jesus dich braucht! Und nun gibt es noch etwas Drittes:

Folge seinem Beispiel! Im Bibeltext heisst es, dass Jesus als König *sanftmütig* nach Jerusalem hineinreitet. Das hört man kaum von Königen:
Dass sie sanftmütig auftreten. Denn auch das zeigt die Geschichte:
Könige erobern doch normaler Weise mit Gewalt Länder und Städte. Jesus macht das anders. Ich frage dich: Wäre das auch etwas für dich? So wie Jesus die Dinge sanftmütig anzugehen. Vielleicht denkst du jetzt: Sanftmütig sein! Was soll dir das nützen? Du musst doch hartnäckig sein. Du musst dich doch durchsetzen im Leben. Du gehst doch sonst unter.

Trotzdem: **Folge dem Beispiel von Jesus!**
Denn ich frage dich: Ist ein Elefant eher schwach oder stark? In Indien habe ich sie beobachtet, wie diese sanften Riesen die Strasse entlang laufen - stark und sanft zugleich! Mit dem Rüssel brechen sie dickste Äste von Bäumen ab.
Genauso heben sie ganz sanft einen alleinstehenden Grashalm vom Boden auf. Schau, um diese zielgerichtete, positive Sanftheit geht es. Um diese beherrschte Kraft. Das bedeutet Sanftmut auch in der biblischen Grundbedeutung. Nämlich "beherrschte Kraft". Diese Kraft der Sanftmut kann dich wirklich weiterbringen.
Ein Beispiel dazu:
Hast du schon mal was von den Betheler Anstalten gehört? Bethel ist ein Stadtteil von Bielefeld in Deutschland. Bis heute kümmert man sich dort um Leute die seelische oder sonstige Probleme haben.
Friedrich von Bodelschwingh, der Gründer der Betheler Anstalten, hat einmal folgendes Sanftmut-Experiment gemacht. Ein junger Mann, der dort lebt, hat sich in seinem Zimmer eingeschlossen. Er kommt während mehrerer Stunden nicht heraus. Die Pfleger versuchen, diesen Mann zu bewegen, doch endlich wieder aufzuschließen und den Raum zu verlassen. Aber es hilft alles nichts. Dann kommt der Chef persönlich, Pfarrer Bodelschwingh. Er ruft: „Max, komm doch endlich raus!“ Keine Antwort. Er klopft. „Max! Wenn Du nicht rauskommst, gibt es drei Tage kein Essen!“ Keine Reaktion. Als alles nichts hilft, flüstert Bodelschwingh sanft durchs Schlüsselloch: „Max, bitte. Mach doch die Tür auf. Du bekommst auch eine doppelte Portion Essen und ein extra grosses Dessert.“ Sofort dreht sich der Schlüssel im Schloss, die Tür geht auf, Max kommt heraus und ruft „Herr Pfarrer, selig sind die Sanftmütigen. Wo ist mein Dessert!?“
Als ich zum ersten Mal diese Geschichte höre, muss ich schmunzeln. Doch dann denke ich: Gerade DAS brauchen wir mehr: Solch eine zielgerichtete, positive Sanftmut.

Folge Jesu Beispiel!
Denn es ist doch so: Wer Unrecht erleidet, will häufig durch neues Unrecht Recht bekommen. Das macht das Ganze jedoch meist noch schlimmer. Unser Alltag und die grosse Weltgeschichte sind voll von solchen Erfahrungen.
Ein Vorschlag: Probiere das doch jetzt einmal für eine Woche. Mach eine SEW: eine Sanftmut-Experimentier-Woche.

Überlege Dir bei deinen aktuellen Auseinandersetzungen, Problemen und Herausforderungen, ob eine zielgerichtete Sanftmut Dich weiterbringt. Sei gespannt, was dabei herauskommt.
In jedem Fall: Nutze deine Chance am heutigen Palmsonntag.
Nutze sie auf dreifache Weise:
1. Finde zu Jesus. 2. Frage, wo Jesus dich braucht.
3. Folge seinem Beispiel: Hab Mut zur Sanftmut!
Am besten du fängst noch heute damit an! Gott segne dich dazu. Amen.

„Kreuz ist Trumpf." Matthäus 27, 45-54.

45 Und von der sechsten Stunde an kam eine Finsternis über das ganze Land bis
zur neunten Stunde. 46 Und um die neunte Stunde schrie Jesus laut: Eli, Eli,
lama asabtani? Das heißt: Mein Gott, mein Gott, warum hast du mich
verlassen? 47 Einige aber, die da standen, als sie das hörten, sprachen sie: Der
ruft nach Elia. 48 Und sogleich lief einer von ihnen, nahm einen Schwamm und
füllte ihn mit Essig und steckte ihn auf ein Rohr und gab ihm zu trinken. 49 Die
andern aber sprachen: Halt, lass sehen, ob Elia komme und ihm helfe! 50 Aber
Jesus schrie abermals laut und verschied. 51 Und siehe, der Vorhang im Tempel
zerriss in zwei Stücke von oben an bis unten aus. 52 Und die Erde erbebte und
die Felsen zerrissen, und die Gräber taten sich auf und viele Leiber der
entschlafenen Heiligen standen auf 53 und gingen aus den Gräbern nach seiner
Auferstehung und kamen in die heilige Stadt und erschienen vielen. 54 Als aber
der Hauptmann und die mit ihm Jesus bewachten das Erdbeben sahen und was
da geschah, erschraken sie sehr und sprachen: Wahrlich, dieser ist Gottes Sohn
gewesen!

12 547 Jacken. 11 882 Handys. 7588 Geldbörsen.
Das und noch viel mehr sind Sachen, die Menschen letztes Jahr in den Zügen der Schweizer Bahn vergessen haben. Nun ja, kann man sagen. Vergessen – das kann passieren.
Das stimmt. - Aber eines bitte vergiss nie, nie, nie!!!
Dass Kreuz Trumpf ist. Kreuz ist Trumpf.
-Drei Gründe will ich dir am heutigen Karfreitag nennen, warum das so ist.
Erster Grund: **Kreuz ist Trumpf,** denn es steht für Gottes tiefe Liebe zu dir.

Das Kreuz steht für Gottes tiefe Liebe zur Dir. Das ist das Erste.
Hast du schon einmal etwas aus Liebe getan?
Vor einiger Zeit werden Leser einer Zeitschrift eingeladen, ihre persönlichen Erlebnisse genau zu dieser Frage einzusenden. Bewegende Geschichten kommen dabei heraus:
-Jemand geht x-fach 20 km zu Fuss zu seiner Liebsten, weil sein Velo kaputt ist.
-Jemand bricht aus Liebe das Studium ab, lässt sämtliche Freunde und Heimat zurück, verzichtet auf einen 8stelligen Geldbetrag, nur um zu einer Person zu ziehen, die er ein paarmal gesehen hat.
-Jemand anderes hat sich verliebt und er weiss von der betreffenden Person nicht viel mehr als den Vornamen und den Stadtteil. An allen Ampelmasten klebt er dort eine Suchmeldung an und er wartet sehnsüchtig auf eine Antwort.

-Das sind wirklich berührende Beispiele. Doch Gott setzt noch eins drauf: Gott setzt alle Hebel im Himmel und auf der Erde in Bewegung, damit du eins erkennst: Wie abgrundtief er dich liebt.
Der Höhepunkt von Gottes Aktionen ist der heutige Karfreitag. Jesus Christus stirbt für dich und deine Sünden am Kreuz. Er tut das, um dich zu erlösen, um dich zu versöhnen mit Gott seinem Vater, damit du Frieden in deinem Herzen bekommst.

Das Kreuz steht für Gottes tiefe Liebe zur dir. Und darum Schluss mit dem Gänseblümchenglauben!
-Er liebt mich. Er liebt mich nicht. Er liebt mich. Er liebt mich nicht. -
Du hast das als Kind oder Jugendlicher vielleicht auch schon mal gesagt. Und du hast dabei die Blütenblätter eines Gänseblümchens oder einer anderen Pflanze einzeln abgezupft.
Zum Schluss soll dann das letzte Blütenblatt ausschlaggebend sein dafür, ob die ersehnte Person dich liebt oder nicht.
Selbst Kinder brauchen jedoch nicht allzu lange, um zu merken, dass Gänseblümchen nicht dazu da sind, Auskunft über die Liebe zu geben. Allerdings führen viele erwachsene Christen genau DAS Spiel immer noch mit Gott durch. Dieses Mal zupfen wir zwar keine Blütenblätter, aber sie versuchen häufig durch die UMSTÄNDE herauszufinden, was Gott gerade mal für uns empfindet. Das geht dann so:
• Ich habe gerade eine Gehaltserhöhung bekommen. Gott liebt mich!
• Ich habe nicht die Beförderung erhalten, die ich mir gewünscht hatte. Gott liebt mich nicht!
• Etwas, für das ich gebetet hatte, ist eingetreten. Gott liebt mich!
• Ich bin krank. Er liebt mich nicht!!
• Ein Freund hat mich unerwartet angerufen, um mich zu ermutigen. Gott liebt mich!
• Mein Auto braucht ein neues Getriebe. Gott liebt mich nicht!
-STOPP! Schluss mit diesem Gänseblümchenglauben.
Das Kreuz sagt dir dreimal unterstrichen: Gott liebt dich unbändig, unendlich und unabhängig von dem, was gerade passiert!

Denn: **Das Kreuz steht für Gottes tiefe Liebe zu dir.**
Und mit dieser Liebe im Rücken:
Geh deinen Weg.
Stell dich deinen Herausforderungen.
Pack die Dinge und Aufgaben an, die vor dir liegen.
Sieh in allen Lebenslagen durch den Kreuztrumpf wie stark Gottes Liebe zu dir ist.
Kreuz ist Trumpf. Denn es steht zweitens für deinen Trost.

Das Kreuz steht für Trost.

Während meiner Laufbahn als Pfarrer spreche ich immer wieder mit kranken Menschen. Ganz besonders jedoch sind für mich die Gespräche, wenn ich selbst betroffen bin. Wenn ich selbst im Spital liege. Was schon mehrfach der Fall war. Einmal liege ich mit vier anderen in einem Zimmer. Wir werden alle am nächsten Tag operiert. Wir teilen unsere Schmerzen, Sorgen und Gedanken. Wir helfen uns gegenseitig und schauen aufeinander. Nach unseren Operationen freuen wir uns zusammen, dass wir alles gut überstanden haben.
Es ist zutiefst tröstlich, wenn du in schwierigen Situationen mit jemandem zusammen bist, der das Gleiche erlebt wie du. Der dich deswegen versteht.
Gerade darum stimmt auch dieser zweite Punkt:

Das Kreuz steht für Trost.
Denn am Kreuz hängt jemand, der dich versteht.
Jesus versteht, wie es ist, wenn dich Dunkelheit umgibt und du dich einsam und verlassen fühlst, denn er macht das am Kreuz selbst durch.
Jesus versteht deine Schmerzen, denn am Kreuz schreit er sie heraus.
Jesus versteht deine bitteren Erfahrungen, die du hast schlucken müssen, denn er schluckt für dich den bitteren Essig.

Das Kreuz steht für Trost. Denn wenn du an den Gekreuzigten glaubst, bist du ein VIP! Eine Very Important Person. Eine superwichtige Person.
Denn als Jesus am Kreuz stirbt, reisst der Vorhang im Tempel. Es ist der Vorhang zum Allerheiligsten. Nur einmal im Jahr konnte der Hohepriester am Versöhnungstag da hinein. Nun aber ist durch Jesus der Weg frei zu Gott. Bei ihm heisst es jetzt: Zugang für dich strengstens erlaubt. Und zwar IMMER!
In Jesu Namen ruft es Gott dir darum heute Morgen zu:
Komm und besprich direkt mit mir alles, was du auf dem Herzen hast.
Komm mit deinem ganzen inneren Müll und lade ihn bei mir ab.
Komm, wenn dich andere verletzt haben. Ich gebe dir die Kraft, dass du ihnen vergeben kannst.
Komm, wenn du dich selbst falsch verhalten hast. Ich vergebe dir und suche mit dir einen neuen Weg.
Komm und übergib mir dein ganzes Leben!
Dass du das alles kannst, ist durch und durch tröstlich. Darum:

Das Kreuz steht für Trost.
Darum sind Christen von Natur aus auch selbst Tröster.
Überlege dir zudem einmal ganz bewusst: Wo kannst du ein Tröster sein.
Geh einmal die verschiedenen Bereiche deines Lebens durch. Familie, Freunde, Schule, Arbeit, Verein. Wo kannst du da ein Tröster und Ermutiger sein? Nimm dir bis Ende nächster Woche vor: für einen Menschen genau das zu sein.
Karfreitag steht für Gottes tiefe Liebe zu dir.
Karfreitag steht für deinen Trost.

Und nun das DRITTE: Kreuz ist Trumpf, denn es steht für Triumpf.

Kreuz steht für Triumpf!

Hat jemand von euch schon einmal vor Freude gejubelt bei dem Schild „Sackgasse"? –Vor einiger Zeit ist mir da was passiert. In einem Bergdorf habe ich dieses Schild übersehen. Ich stecke darum zwischen zwei engstehenden Häusern fest. Ich muss mich mühsam rückwärts rausarbeiten. Zentimeter für Zentimeter. Das hat mich fast zur Verzweiflung gebracht.

Verzweifeln können wir auch, wenn wir sonst im Leben in Sackgassen geraten: bei unserer Arbeit, bei einem bestimmten Problem. Oder denken wir an die grösste Sackgasse, die Menschen schon immer beschäftigt: den Tod.

Aber schaut einmal genau hin: Mein Sackgassenschild hier in meiner Hand ist ein besonderes:

Könnt ihr das erkennen? Es hat die Form von einem Kreuz. Es geht hier oben weiter.

Und genauso ist es am Karfreitag. Erinnert ihr euch noch an unsere Schriftlesung? -Da heisst es: Als Jesus stirbt, „öffnen sich die Gräber und viele werden auferweckt". Schon direkt am Karfreitag geht es weiter. Schon da beginnt Ostern. Und darum: **Das Kreuz steht für Triumpf, für Triumpf über alle Sackgassen.**

Gott ist ein Spezialist für die Überwindung von Sackgassen.

Halt dir das immer wieder neu vor Augen. Nimm dir ein Blatt Papier.

Schreib dann in einem Satz darauf, was bei dir zurzeit unmöglich ist. Wo du zurzeit in einer Sackgasse steckst. Z.B.:

Es ist unmöglich, dass ich eine Stelle finde.

Es ist unmöglich, dass sich meine Gesundheit bessert.

Es ist unmöglich, dass ich mich mit einem bestimmten Menschen versöhne.

Dann streich das UN. Denn dann hast du genau das vor Augen, was Gott für dich tun kann. Was IHM möglich ist. Denn Gott ist ein Spezialist für die Überwindung von Sackgassen.

Bitte vertrau darauf:

-Es gibt immer einen Weg für dich.

-Es gibt immer eine Lösung.

-Es gibt immer ein Weiter.

Denn Gottes Kreuztrumpf sticht heute wie vor 2000 Jahren. Solltest du jemals Zweifel daran haben, denk immer daran:

Karfreitag steht für Gottes tiefe Liebe zu dir.

Karfreitag steht für deinen Trost.

Karfreitag steht für Triumpf über alle Sackgassen. Amen.

„Steh auf!“ Matthäus 28, 5-7 (Ostern):

5 Aber der Engel sprach zu den Frauen: Fürchtet euch nicht! Ich weiß, dass ihr
Jesus, den Gekreuzigten, sucht.

6 Er ist nicht hier; er ist auferstanden, wie er gesagt hat. Kommt her und seht
die Stätte, wo er gelegen hat;

7 und geht eilends hin und sagt seinen Jüngern, dass er auferstanden ist von
den Toten.

Wenn man dein Leben verfilmen würde, was wäre das dann?
Ein Katastrophenfilm? –Eine Komödie?
Ein langweiliger Streifen mit ständigen Wiederholungen?
Seit Ostern darf das klar für dich sein!
Dein Leben soll wie ein positiver Film mit Happyend sein.
Und darum ist unser Thema heute **„Steh auf!“**
Steh auf zu einem neuen Leben.
Die Frauen in der Ostergeschichte erfahren, Jesus ist auferstanden. Und das Grossartige ist: Weil Jesus auferstanden ist - darum darfst auch du einst auferstehen! In Ewigkeit! Der Tod ist nicht das Letzte!
Aber auch schon jetzt, hier und heute, darfst du aufstehen! Denn jeder Tag birgt für dich die Chance eines neuen Anfangs. Und darum:
Steh auf zu einem neuen Leben.
Stell dir vor: Wegen eines Irrtums liest ein Chemiker eines Tages in der Zeitung, dass er gestorben ist. Es handelt sich dabei um eine Verwechslung. Erstaunt jedenfalls liest dieser Mann seinen eigenen Nachruf. Das Einzige, was er laut der Presse hinterlässt, ist seine Erfindung des Dynamits. „Das darf doch nicht wahr sein!“, ruft er laut aus. Der Mann fasst sich bestürzt an den Kopf. Ab diesem Tag widmet er sein Vermögen einem guten Zweck. Er lässt damit eine Stiftung gründen, die jedes Jahr einen Preis vergeben soll. Und zwar an die Leute, die sich für den Frieden, positive Forschung und eine bessere Welt einsetzen. Der Nobelpreis ist geboren. Dieser Mann schreibt seine Geschichte um. Er will nicht mehr derjenige sein, der für negatives Denken und Handeln bekannt ist, sondern für das Gute, das anderen weiterhilft. Wer kennt seinen Namen? ----Richtig -es ist Alfred Nobel.
Und auch du kannst deine Geschichte mit Gottes Hilfe umschreiben. Und darum: **Steh auf zu einem neuen Leben.**

Die Frauen kommen bedrückt zum Grab von Jesus. Mit Sorgen, Zweifeln und traurigen Gedanken. Ostern sagt dir: Schluss damit:

Steh auf zu einem neuen Leben.
Es ist wie bei einem DVD-Player, auf dem du einen negativen Film abspielst. Frage: Schaust du dir einen miesen Film bis zu Ende an? Doch hoffentlich nicht!
Und darum:
Steh auf und stoppe deine Sorgen: Wirf alle Sorgen auf den Herrn, denn er sorgt für dich. Steh auf und stoppe deine Zweifel: Denn alles ist möglich dem, der an den Herrn glaubt!
Steh auf und stoppe traurige Gedanken und Grübeleien. Denn Jesus will dich davon befreien. Nimm die alte DVD heraus. Lege eine neue ein. Bespielt mit Gottes aufbauenden Gedanken über dein Leben. JA:
Genau dazu ermutigt dich Ostern! Und darum:
Steh auf zu einem neuen Leben! Das ist das Erste!

Und nun das Zweite:
Steh auf und lass dich ermutigen!
Schau, da ist die anfängliche Furcht der Frauen in der Ostergeschichte.
Doch Furcht ist nicht Gottes Ziel!
Gott will was anderes für dich, nämlich:

Steh auf und lass dich ermutigen!
Wir schreiben das Jahr 1741. Ein gebeugter Mann schleppt sich durch die Strassen. Früher war er ein bekannter Komponist.
Der Mann fürchtet, sein schöpferischer Funke ist erloschen.
Er fürchtet mit knapp 60 Jahren geht es mit ihm zu Ende.
Er fürchtet, er wird in bitterer Verzweiflung enden.
Zuhause fällt sein Blick auf ein dickes Paket.
Er öffnet es. Drin ist ein Stapel Papier.
«Ein geistliches Oratorium» steht da drauf. Zuerst ärgert sich der Mann über den zweitrangigen Dichter. Er schüttelt den Kopf über dessen Bemerkung: „Der Herr gab mir den Auftrag!"
Doch dann springt ihm eine Zeile in die Augen:
„Ich weiss, dass mein Erlöser lebt…!", da wird es in dem Mann lebendig. Wunderbare Klänge erscheinen in seinem Kopf. Ein Funke von oben steckt ihn in Brand. 24 Tage arbeitet er fast ohne Pause. Und dann liegt sie vor ihm. Die fertige Partitur von seinem neuen Stück…...
Es ist der berühmte „ Messias" von Georg Friedrich Händel - so heisst dieser Mann. Was dieser Mann erlebt hat, darfst auch du erleben. Und darum:
Steh auf und lass dich ermutigen!
Wenn du entmutigt bist, achte auf die Zeichen, die Gott dir schickt:
-ein Mensch, sein Wort, eine bestimmte Situation, was auch immer.
Achte auf Gottes Zeichen und dann ergreif die Gelegenheit, die Gott dir zeigt.

Denn auch für dich gilt: DEIN ERLÖSER LEBT! Und darum:
Lass dich durch Ostern ermutigen
-für deine Gesundheit
-in deiner Beziehung zu anderen Menschen
-in allen deinen Herausforderungen
Und denk daran: *Gott glaubt an dich!*
Du hast als Christ Gottes Powerkraft bekommen. Das ist die Kraft, die das Universum geschaffen hat. Die Kraft, die Jesus heute an Ostern auferweckt hat. Die steckt in dir. Geh darum voller positiver Erwartung deinen Weg! Gottes Geist bricht verschlossene Türen in deinem Leben auf. Er versetzt Berge für dich. Er macht dich mutig. Geh darum mit diesem göttlichen Rückenwind voller positiver Erwartung in die neue Woche. Überlege dir auch ganz bewusst: Wo kannst du mutiger sein in deinem eigenen Leben? Geh einmal die verschiedenen Bereiche deines Lebens durch. Familie, Freunde, Nachbarn. Wo kannst du da mutiger sein? Denk bei allem daran: Du hast Gottes Geist, du hast Gottes Kraft! Traue Gottes Geist wirklich etwas zu! Und darum:
Steh auf zu einem neuen Leben!
Steh auf und lass dich ermutigen! Und nun noch das Dritte:

Steh auf und werde selbst zum Aufsteller! Die Frauen in der Ostergeschichte bekommen ausdrücklich den Auftrag dazu! Sie sollen die Osterbotschaft weitertragen. -Und so auch DU:

Steh auf und werde selbst zum Aufsteller. Und das macht Spass! Das habe ich vor einiger Zeit in Leukerbad erfahren.
Ich mache da mit meiner Frau nach einem Gottesdienst eine Winterwanderung. Doch irgendwie biegen wir da falsch ab. Dadurch geraten wir in ein steiles Feld mit tiefem Schnee. Mühsam arbeiten wir uns vorwärts. Von weitem sehe ich einen Mann. Breit grinsend steht er erhöht am Ende des Feldes. Ich denke noch, wieso schaut der uns solange zu? Will er sich über uns lustig machen? –Nein, der Mann wartet auf uns und es macht ihm Freude,
uns seine Hand zu reichen,
uns dadurch auf den Weg hochzuziehen,
unser Aufsteller zu sein! Und darum:

Steh auf und werde selbst zum Aufsteller.
Frage dich: Wem kannst du deine Hand reichen,
wen aufrichten, ermutigen, eine Freude bereiten?
Händel macht mit den Einnahmen seiner Messias-Aufführungen Armen und Benachteiligten eine Freude.
Setze auch du ermutigende Hoffnungszeichen! Dazu brauchst du nicht einmal ein Oratorium zu komponieren. Es gibt so viele unzählige Möglichkeiten! Bitte Gott um offene Augen und gute Ideen dazu! Und dann:
Steh auf!

Steh auf zu einem neuen Leben!
Steh auf und lass dich ermutigen!
Steh auf und werde selbst zum Aufsteller,

Trage die Botschaft weiter! Lass es dadurch Ostern werden in deinem Leben. Amen.

„So wird dein Leben neu.“ Markus 1, 40-45:

40 Und es kam zu ihm ein Aussätziger, der bat ihn, kniete nieder und sprach zu ihm: Willst du, so kannst du mich reinigen.

41 Und es jammerte ihn und er streckte die Hand aus, rührte ihn an und sprach zu ihm: Ich will's tun; sei rein!

42 Und sogleich wich der Aussatz von ihm und er wurde rein.

43 Und Jesus drohte ihm und trieb ihn alsbald von sich

44 und sprach zu ihm: Sieh zu, dass du niemandem etwas sagst; sondern geh hin und zeige dich dem Priester und opfere für deine Reinigung, was Mose geboten hat, ihnen zum Zeugnis.

45 Er aber ging fort und fing an, viel davon zu reden und die Geschichte bekannt zu machen, sodass Jesus hinfort nicht mehr öffentlich in eine Stadt gehen konnte; sondern er war draußen an einsamen Orten; doch sie kamen zu ihm von allen Enden. Amen.

Was können ein Coiffeur und Jesus gemeinsam haben?
Bis vor kurzem habe ich das auch nicht gewusst. Aber neulich lese ich ein Schild vor einem Coiffeur-Salon: „Spontane Menschen empfangen wir gerne.“
Das will heissen, da kannst du ohne Voranmeldung kommen.
Genau dieselbe Einstellung wie dieser Coiffeur hat Jesus. Denn zu Jesus kannst du immer kommen. Ohne Voranmeldung bist du immer willkommen.
Und genau das ist der ERSTE Punkt! Unser Thema heute lautet:
„So wird dein Leben neu!“ Und das ERSTE ist:

Komm zu Jesus wie du bist! Denn Jesus kannst du vertrauen.
Siehst du das auch so: Ein Coiffeurbesuch ist Vertrauenssache. Das geht schon beim Haare waschen los. Ich habe als Kind immer Angst, mir läuft Shampoo in die Augen. Nur bestimmte Personen lass ich darum an meine Haare ran. Beim Glauben ist das genauso. Glauben ist Vertrauenssache.
Dieses Vertrauen kannst du an dem Mann im BT sehen. Dieser Mann hat einerseits ein riesiges Problem. Er hat Aussatz. Eine ansteckende Hautkrankheit. "Unrein, unrein!" hat der Aussätzige schreien müssen. Und damit alle Leute vor

sich warnen sollen. Denn keiner darf ihm zu nahe kommen. Stell dir das vor. Kaputter, hilfloser und ohnmächtiger kann ein Leben gar nicht sein. Doch der Mann **vertraut** andererseits, dass Jesus ihm ein neues Leben geben kann. Darum kommt der Mann zu ihm. Mach das genauso:

Komm zu Jesus wie du bist! Denn Jesus kannst du vertrauen.
SCHLUSS! AUS! So sagt ein Mann in meiner ersten Gemeinde. Er wollte nicht mehr zur Kirche kommen. Weil er nach eigenen Aussagen gegen alle mögliche Gebote verstossen hat. Doch genau so einer darf kommen, wie er ist!
Eine Frage: Geht jemand von euch mit bereits geschnittenen Haaren zum Coiffeur? Das wäre ja ohne Sinn. Du gehst doch gerade darum zum Coiffeur, damit er deine Haare in Ordnung bringt. Und du darfst **voller Vertrauen** zu Jesus kommen wie du bist, damit er dein Leben in Ordnung bringt. Und darum:

Komm zu Jesus so wie du bist.
Komm mit deinen inneren und äusseren Schmerzen,
komm mit deinem Ärger mit dem Chef,
komm mit deinen Sachen, die dir schief gegangen sind.
Wer du auch bist, was auch immer dich plagt, wo auch immer dein Leben neu werden soll, komm!

Komm zu Jesus wie du bist! Denn Jesus kümmert sich *umgehend* um dich.
So siehst du es bei diesem Mann. Stell dir vor: Der Coiffeur sagt zum Kunden: "Ha! Ihre Haare werden ja grau." Darauf der Kunde: "Kein Wunder bei ihrem Arbeitstempo." Ganz anders Jesus. Umgehend kümmert sich Jesus um den Mann. Und wie er das tut!
Eine ehemalige Coiffeuse aus unserer Gemeinde hat mir erklärt: Als ein Coiffeur ist es wichtig, ein guter Zuhörer zu sein und auf die Leute einzugehen. Und das darfst du wirklich wissen: Jesus hört dir zu! Jesus geht auf dich ein! Und wie Jesus das tut! Die Reaktion von Jesus im Bibeltext ist doch überwältigend! Im Bibeltext steht: Es jammert Jesus, als er den Mann sieht. Im Originaltext steht sogar: Es berührt Jesus so, dass es ihm auf Leber, Niere und Magen schlägt. Es geht ihm bis unter die Haarwurzel!
So persönlich wichtig bist auch du Jesus! Und darum:

Komm zu Jesus wie du bist! Denn bei ihm ist alles gratis!
Als ich zum Pfarrer von Visp gewählt wurde, gab es einen feierlichen Einführungsgottesdienst. Was habe ich natürlich vorher gemacht? Ich bin zum Coiffeur gegangen. Nach dem Schneiden will ich schon meine Geldbörse herausholen. Doch der Chef des Coiffeursalons sagt: Herr Luther, „heute ist es gratis. Das ist für ihre Einführung.“ - Gratis bedient, wann gibt es das schon einmal? Das ist die Ausnahme. Bei Jesus ist das jedoch normal! Jesus ist auch nicht wie mancher, der dir zusätzlich noch das neueste todsichere

Antischuppenmittel für 73, 90 Franken verkaufen will! Nein, bei Jesus ist wirklich ALLES gratis. Und darum:

Komm zu Jesus wie du bist!
Das ist das Erste. Und nun das Zweite: **Lass dich von Jesus berühren**! Das ist das Zweite! **Lass dich von Jesus berühren!**
Denn Jesus hat keine Berührungsprobleme!
Jesus berührt den Mann. Nach dem damaligen Gesetz wird jemand selbst unrein, wenn er einen Aussätzigen berührt. Doch Jesus, der heilige Sohn Gottes, berührt den Aussätzigen! Und das zeigt dir: Kein Leben, keine Situation, kein Mensch ist so verloren, dass Jesus ihn aufgibt.

Lass dich von Jesus berühren! Denn seine Macht ist unbegrenzt!
Jesus heilt den Mann. Trau Jesus darum auch das Unmögliche zu!
Lass dich von Jesus berühren! Denn Jesus macht keine halben Sachen.
Ein berühmter Coiffeur in Bern war der Dällebach Kari, mit bürgerlichem Namen Karl Tellenbach. Vor 135 Jahren ist er geboren. Er war eine tragisch-komische Gestalt. Liebe Feriengäste, es gibt sogar einen Film und ein Musical über diesen berühmten Coiffeur. Immer hat er einen passenden Spruch auf Lager. Zum Beispiel sagt er zu einem Kunden, der bei der Polizei arbeitet: „Darf man zu einem Polizisten Kamel sagen?“ Und der Dällebach Kari gibt gleich selbst die Antwort: -„Nein, aber zu einem Kamel darf man Polizist sagen. Und darum adieu, Herr Polizist.“
Nichts gegen die Polizei, mein ältester Bruder ist auch Polizist. Ich will damit nur zeigen, wie schlagfertig dieser Dällebach Kari war. Doch leider zeichnet ihn noch eine andere Eigenschaft aus. Kaum hat er jemanden für die Rasur eingeseift, da geht er lieber ins Wirtshaus und lässt den Kunden einfach sitzen. Ganz anders ist Jesus. Er macht nur ganze Sachen. Jesus geht in die Tiefe. Er will auch deine Seele reinigen. Das ist die Botschaft aller Evangelien. Jesus will eine Rundumerneuerung für dein Leben. Jesus will dich frei machen von negativen Gedanken, alten Geschichten und Schuld. Was auch immer es ist. Und darum:

Lass dich von Jesus berühren! Und erzähl anderen davon!
HALT! STOPP! Moment mal: Jesus sagt doch im Bibeltext genau das Gegenteil. Jesus sagt dem geheilten Mann, dass er öffentlich nichts von der Heilung weiter erzählen soll. Ausser dem Priester im Tempel – das ist damals die Vorschrift. Doch ansonsten gilt: NACHRICHTENSPERRE!
-Das stimmt. Jedoch gilt das nur **vor** OSTERN. Und diese Nachrichtensperre vor Ostern hat seinen Grund. Damit man Jesus nicht mit einem blossen Wunderheiler verwechselt.
-Nach Ostern ist klar, dass Jesus Gottes Sohn, der Retter und Erlöser ist.
-Nach Ostern sagt Jesus am Ende des Markusevangeliums: *Geht in die ganze Welt und verkündet meine gute Nachricht allen Menschen!*

-Nach Ostern darfst du darum ausdrücklich von dem reden, was Jesus tut.
Und darum:

Lass dich von Jesus berühren! Und erzähl wie dieser Mann anderen davon!
Stell dir vor: Du kommst frisch vom Coiffeur. Du hast die Frisur deines Lebens. Du hast die Dauerwelle des Jahrhunderts. Oder den Supersommerhaarschnitt, den du dir immer gewünscht hast. Das strahlst du natürlich aus. Das willst du anderen zeigen, weitererzählen. Ja, die anderen kommen von selbst zu dir und wollen Näheres hören. Wer hat das wo und wie gemacht.
Darum darfst auch du anderen zeigen, warum es sich lohnt, Christ zu sein.
Darum darfst auch du anderen zeigen, was dein Glaube bringt.
Darum darfst auch du anderen zeigen, wo die Kraftquelle für deinen Alltag ist.

Lass dich von Jesus berühren! Denn mit ihm kannst du selbst Grenzen zu anderen überwinden.
Suche dir in der neuen Woche einen Menschen aus, der in deinem Blickfeld bisher nur am Rande steht. Oder jemand, der nie damit rechnen würde, dass du auf ihn zugehst. Berühre diesen Menschen positiv durch deine Aufmerksamkeit, ein Wort, ein Zeichen. Verblüffe ihn, erstaune ihn, sei erfrischend anders als er es erwartet. Überlege nicht lange, mach es einfach. Erinnert ihr euch noch an das Eingangszitat? *Spontane Menschen empfangen wir gerne.* Und darum: Komm spontan zu Jesus**. 1. Komm zu ihm wie du bist!**
2. Lass dich von ihm berühren! Denn so wird dein Leben wirklich neu. Amen

„Erwarte was von Gott!" Lukas 1, 46-55 (Advent).

46 Und Maria sprach: Meine Seele erhebt den Herrn,
47 und mein Geist freut sich Gottes, meines Heilandes;
48 denn er hat die Niedrigkeit seiner Magd angesehen. Siehe, von nun an
werden mich selig preisen alle Kindeskinder.
49 Denn er hat große Dinge an mir getan, der da mächtig ist und dessen Name
heilig ist.
50 Und seine Barmherzigkeit währt von Geschlecht zu Geschlecht bei denen, die
ihn fürchten.
51 Er übt Gewalt mit seinem Arm und zerstreut, die hoffärtig sind in ihres
Herzens Sinn.
52 Er stößt die Gewaltigen vom Thron und erhebt die Niedrigen.
53 Die Hungrigen füllt er mit Gütern und lässt die Reichen leer ausgehen.
54 Er gedenkt der Barmherzigkeit und hilft seinem Diener Israel auf,
55 wie er geredet hat zu unsern Vätern, Abraham und seinen Kindern in
Ewigkeit.

Hat jemand von euch schon einmal selbst Popcorn zubereitet?-----
Ich weiss noch genau, wie ich da zum ersten Mal dabei bin. Ich bin damals etwa neun Jahre alt und mein grosser Bruder 13. Wir nehmen einen kleinen Topf, geben Öl und Zucker hinein. Dann schütten wir grosszügig eine ganze Packung Popcornmais in das kleine Gefäss. Und dann schalten wir die Herdplatte an.
Könnt ihr euch vorstellen, wie danach die Küche ausgesehen hat? Das meiste Popcorn befindet sich ausserhalb des Topfes. Wir haben die Entfaltungskraft der Maiskörner völlig unterschätzt.
Einige Zeit später starten wir einen zweiten Versuch.
Diesmal nehmen wir den grössten Topf, den wir in der Küche finden können. Und wir bedecken diesmal nur den Topfboden mit den Maiskörnern. Denn wir wissen nun, welch gewaltiges Potential in den Maiskörnern steckt. Wir haben erkannt: Schon mit einer Hand voll Körnern kannst du eine grosse Menge an Popcorn erwarten. Und in der Tat, so ist es dann auch. Wir haben am Ende einen grossen Topf voll.
Mit den Maiskörnern ist es wie mit Gott.
Viele unterschätzen ihn. Viele trauen Gott für ihr Leben viel zu wenig zu.
Viele erwarten kaum was von ihm.
Bei dir soll das ab heute anders sein. Denn unser Thema lautet:
„Erwarte was von Gott!"

Und der erste Punkt dazu ist: **Gott will Grosses tun!**
Darum sagt Maria in unserem Bibeltext:

- Gott will persönlich als Helfer zu seinem Volk Israel kommen
Und Gott setzt heute, am 1. Advent, noch eines drauf:
- Gott will durch Jesus als Retter und Erlöser zu allen Menschen kommen. Auch zu dir! Das ist doch grossartig! Auch in deinem Leben will er Grosses bewegen. Denn: **Gott will Grosses tun!** Darum probiere es aus!

Wer von euch sucht noch nach einem Weihnachtsgeschenk? Wie wäre es mit einem Chemiekasten?
Ich denke daran: Ein Experimentierkasten verändert als Schüler meine Einstellung zur Chemie. Vorher war für mich die Chemie nur ein Schulfach unter anderen. Die grosse Wende kommt für mich mit der Praxis, als ich endlich beginne, zu experimentieren. Für meine Mutter stelle ich damals zum Beispiel ein eigenes Rosenparfüm her. Das duftet damals zwar nur bedingt nach Rosen. Trotzdem: Mein Interesse ist geweckt und meine Chemienoten gehen deutlich nach oben.
Und mit dem Glauben ist es genauso. Seien wir doch experimentierfreudiger als Christen! Setzen wir das viele, was wir über den Glauben schon wissen, tatsächlich um.
Denn: **Gott will Grosses tun!** Darum nimm ihn beim Wort!
Maria sagt: *Gott stösst die Gewaltigen vom Thron.*- Probiere doch aus, ob das bei dir funktioniert:
Wer oder was thront über deinem Leben, was da nicht hingehört?
Gibt es da eine unberechtigte Sorge, die dir zu schaffen macht?
Gibt es da eine belastende Geschichte aus deiner Vergangenheit, die du endlich loslassen solltest? Oder etwas anderes?
Bitte Gott darum, dass ER dich von all dem befreit! Denn:

Gott will Grosses tun! Darum sagt Maria: *Gott ist mächtig!* Mit Gottes Macht im Rücken gehe deine Herausforderungen in der neuen Woche an! Denk dabei immer daran:
Gott will Grosses für dich tun! Und darum sagt Maria gleich noch etwas: **-Gott will dich nach oben bringen!** Das ist das Zweite:
Darum sagt Maria: *Gott erhebt die Niedrigen.* -----
„Ich bin ein geborener Pechvogel! Bei mir geht alles schief!“ So hat neulich jemand zu mir gesagt. Vielleicht zählst auch du dich manchmal oder sogar regelmässig zu der Kategorie „Pechvogel“:
-Wenn du an eine Ampel kommst, ist sie garantiert rot.
-Wenn dir das Frühstücksbrot runter fällt, landet es grundsätzlich auf der Marmeladen-Seite.
-Im Supermarkt gerätst du grundsätzlich in die längste Warteschlange.
-Und überhaupt: Hat sich ein Problem für dich erledigt, klopft schon das nächste bei dir an!
Wenn du dich für so einen Pechvogel hältst, sage ich dir nur eins:

-Herzlichen Glückwunsch! Du hast richtig gehört! Herzlichen Glückwunsch! Denn Gott kann gerade aus den Problemen, Pech und Pannen, etwas machen! Schau dir zum Beispiel den Stammbaum von Jesus an! Du findest ihn am Anfang des Neuen Testaments.
-Im Stammbaum von Jesus findest du eine gewisse Rahab. Das ist eine Prostituierte.
-Oder da ist im Stammbaum von Jesus eine Ehebrecherin.
-Oder da ist David. Was hat der nicht alles angestellt.
Und doch macht Gott noch was aus ihrem Leben.
Wie bei Maria: Maria ist vermutlich gerade mal im Konfirmandenalter als sie schwanger wird. Und auch bei Maria macht Gott was aus ihr. Den langerwarteten Erlöser wird Maria zur Welt bringen!
Und Gott macht aus der schwierigsten Situation etwas. Auch bei dir!

Gott will dich nach oben bringen! Darum sieht Gott dich, wenn du unten bist.
-Unten mit deinen Schmerzen - unten mit deinen Nerven - unten mit deiner Arbeit - unten mit was auch immer! Und du darfst eines wissen:

Gott will dich nach oben bringen! Darum schau nicht auf die Umstände, schau auf Gott.
Maria lobt Gott, weil sie weiss, wie Gott seine Menschen aus schwierigen Situationen herausbringt.
-Bitte gehe heute einmal dein Leben durch.
-Überlege dir dabei: Wo starrst du nur auf die Umstände, anstatt auf Gott zu bauen?
Denn: **Gott will Grosses tun! Gott will dich nach oben bringen!**
Und noch etwas Drittes kannst du von Gott erwarten! Maria sagt:

Gott will deinen Hunger stillen! –FRAGE: Wo liegt die Kalahariwüste? - In Süd-Afrika!
Die Bewohner der Kalahari-Wüste haben zwei Worte für Hunger: Für einen grossen und einen kleinen Hunger. Der kleine ist der Hunger im Bauch. Wir sind dankbar, dass dieser kleine Hunger bei uns gelöst ist. Wir sind sogar in der grossartigen Lage, anderen Menschen zu helfen. Darum haben wir verschiedene Aktionen in unserer Kirchgemeinde.
Und doch: Wie sagt Jesus? *Der Mensch lebt nicht vom Brot allein.*
Darum ist da der grosse, der Hunger nach Gott. Und ich wünsche dir, dass dir dieser zweite Hunger nie vergeht. Ich wünsche dir, dass du hungrig auf Gott bist! Denn die satten Reichen, die alles haben und von Gott nichts wissen wollen, gehen leer aus.
Gott sucht Menschen, die Hunger haben nach seinen Möglichkeiten, nach seiner Kraft, nach seinen Ideen!
Bist du hungrig genug, um von Gott deinen Hunger stillen zu lassen?
-Sicher: Diät halten ist wichtig! Aber bitte nicht im Glauben!

Darum wünsche ich dir in diesen Adventswochen: einen Hunger nach Lebkuchen und Biskuits in Massen und zur Gesundheit dienlich. Im Glauben aber bitte über alle Massen. Denn:

Gott will deinen Hunger stillen!
Neulich lese ich folgendes Tischgebet:
„Ich bin so hungrig wie ein Bär, mein Magen knurrt und ist so leer.
Darum wollen wir jetzt essen und das Danken nicht vergessen!"
Genau diesen Bären-Hunger wünsche ich dir für deinen Glauben auch!
Führe regelmässig einen **GHT** durch: einen Glaubens-Hunger-Test
Geh regelmässig dein Leben durch:
Wo erwartest du in deinem Leben wenig von deinem Gott?
Wo denkst du zu gering von ihm?
Wo hast du dich an bestimmten Punkten aufgegeben?
Gott will deinen Hunger stillen! Und darum:
Sei bitte unzufrieden! Du hast wieder richtig gehört. Ich wünsche jedem von euch eine heilige Unzufriedenheit! Für deinen Wohlstand sei dankbar, aber im Glauben sei lange noch nicht satt!
Hungere darum nicht nach Bequemlichkeit, sondern hungere viel mehr nach dem, was dich herausfordert.
Hungere nicht nach 100%iger Sicherheit, sondern nach dem, was dich weiterbringt.
Bitte Gott um eine Aufgabe, an der du wachsen kannst.

In jedem Fall: **Erwarte etwas von deinem Gott!**
Denn: **Gott will Grosses für dich tun! Gott will dich nach oben bringen!**
ER will deinen Lebenshunger stillen!
Dass du das immer wieder erkennst und erlebst –das wünsche ich Dir von ganzem Herzen. Amen.

„So bleibt dein Glaube frisch.“ Johannes 7,37-39:

37 Aber am letzten Tag des Festes, der der höchste war, trat Jesus auf und rief: Wen da dürstet, der komme zu mir und trinke! 38 Wer an mich glaubt, wie die Schrift sagt, von dessen Leib werden Ströme lebendigen Wassers fließen. 39 Das sagte er aber von dem Geist, den die empfangen sollten, die an ihn glaubten; denn der Geist war noch nicht da; denn Jesus war noch nicht verherrlicht.

Bitte hebt einmal die Hand: Wer von euch war schon einmal in Heidelberg? Habt ihr auch das Schloss in Heidelberg besucht?
Denn im Inneren des Schlosses steht es! Wisst ihr was ich meine? Es ist das grosse Fass. Es fasst 200.000 Liter Wein. Und nun kommt es. Halt dich fest: Ein gewisser Perkeo, Hofzwerg und Mundschenk des Kurfürsten, soll dieses Fass im 18. Jahrhundert sogar einmal allein ausgetrunken haben.
Perkeos Name soll sich daraus ableiten, dass er auf die Frage, ob man ihm noch ein Glas Wein reichen könne, auf Italienisch stets antwortete: "Perché no?" (Warum nicht? = Na klar doch!). Und so dichtet man über ihn: „Das war der Zwerg Perkeo im Heidelberger Schloss, an Wuchse klein und winzig, an Durste riesengross“. Und da sind wir mittendrin im heutigen Thema:
Unser Thema heute: **So bleibt dein Glaube frisch**!

Und der erste Punkt ist: **Sei durstig!** Sei auch so ein Perkeo, ein Perkeo des Glaubens. Denn Jesus ruft durstige Leute! Jesus will Leute, die von ihm und ihrem Leben etwas erwarten. Jesus ruft Leute, die sagen: „Ich habe Durst, ich habe noch Träume. Ich will noch lange nicht zufrieden sein“.

Sei durstig! Das wünsche ich jedem einzelnen hier in dieser Kirche!
Ich wünsche jedem hier einen unbändigen Durst nach Ermutigung, nach Trost, nach persönlicher Entwicklung, nach Vergebung, ewigem Leben…

Sei durstig! Und stelle dir regelmässig die Frage:
Wo bist du zu undurstig???
Sei durstig: Ich wünsche dir im Glauben einen Perkeo-Heidelbergfass-Durst, ich wünsche dir im Glauben einen stets trockenen Gaumen. Bitte Gott um neuen Durst, regelmässig!
Und wenn Gott dir eine Möglichkeit, eine Gelegenheit, eine neue Chance in deinem Leben zeigt, mach es wie Perkeo, sage dir:
"Perché no?" und greif mit frischem Glauben zu! Und darum: **Sei durstig!** Das ist das Erste.
Und nun das Zweite: Durst allein ist noch nicht die Lösung. Durst will gelöscht werden.

Darum ist der zweite Punkt: Trink und **lass Jesus die Quelle deines Lebens sein!**
Jesus befindet sich im Bibeltext gerade auf einem Fest, dem Laubhüttenfest in Jerusalem. Das ist so eine Art Erntedankfest. Zum Fest gehört eine Wasserspende der Priester. Die Priester laufen sieben Mal mit aus der Quelle Siloah geschöpftem Wasser um den Altar herum. Am Altar des Tempels wird dann das Wasser in eine Opferschale gegossen.
Das ist alles ein etwas langwieriges Ritual. Da taucht Jesus auf und macht es ganz einfach, er sagt: „He! Kommt zu mir und trinkt." Und das ist auch jedem hier in dieser Kirche gesagt:

Komm und **lass Jesus die Quelle deines Lebens sein!** Denn durch ihn bekommst du eine direkte Verbindung zu Gott. Ohne Umstände! Ohne Verzögerung. Ohne Wartezeit! --- Stichwort „Wartezeit"
Im letzten Sommer wollen meine Frau und ich den Buckingham- Palast in London besuchen. Ihr wisst: Das ist die offizielle Residenz der Königin von England. Da lernst du warten. Zuerst muss man sich Karten besorgen: Das heisst, man muss sich anstellen. Dann muss man mit den Karten zur festgesetzte Zeit wieder hingehen, wann man rein darf. Dann muss man sich wieder anstellen. Dann heisst es wieder anstellen für die Sicherheitskontrolle. Dann anstellen für den Audioführer. Und dann heisst es wieder anstellen für bestimmte Sonderausstellungen.
Und am Ende war die Königin gar nicht da. Sie hatte keine Zeit für niemand. -Wie einfach, wie gut, wie direkt ist es doch bei deinem Gott, dem König der Könige! DER hat immer Zeit für dich! Da kannst du immer hin! Nur eines ist wichtig: Dass du den SOHN kennst! Den Sohn der Majestät. Um es am Beispiel vom Buckingham-Palast festzumachen: Bist du ein Freund von Prinz Charles, dem Sohn, dann kommst du direkt zum Fünf-Uhr-Tee zur Queen. Mit dem Sohn an deiner Seite öffnen sich dir alle Türen. Die Wachen mit den Bärenfellmützen paradieren. Und die Sicherheitsleute winken dich grosszügig durch. Du musst nur den Sohn kennen. Und das gilt auch für den König aller Könige, für Gott. Kennst du seinen Sohn JESUS CHRISTUS, hast du immer freien Zugang. ER ist bereit, die Verbindung zu seinem VATER auch für dich herzustellen. Und darum:

Lass Jesus die Quelle deines Lebens sein! Denn durch die Verbindung mit ihm bekommst du einen tiefen inneren Frieden. Einen Frieden, der grösser ist als alle Umstände. Einen Frieden, der bis in Ewigkeit reicht. Dafür ist Jesus für dich ans Kreuz gegangen und wieder auferstanden.

Lass Jesus die Quelle deines Lebens sein! Denn er bringt dir Kraft zum Durchstehen. Neuen Mut! Und neue Stärke. Was du auch heute in diesen Gottesdienst mitgebracht hast, Jesus sagt es dir:
„Her zu mir".

Her zur mir und her mit deinen Zweifeln!
Her mit deinen Problemen, deinen Tränen, her mit deinem ganzen Leben.
Vertrau' dich mir an und folge mir!

Lass Jesus die Quelle deines Lebens sein! Wenn du an diese Lebensquelle angeschlossen bist: Herzlichen Glückwunsch! Wenn noch nicht: Komm und schliess dich noch heute Jesus Christus an!

Unser Thema heute: **So bleibt dein Glaube frisch!** Zwei Sachen hast du schon gehört: Komm zu Jesus und **Sei ERSTENS durstig!**
Und ZWEITENS: Lass Jesus die Quelle deines Lebens sein! Und Jesus hat noch etwas **DRITTES** für dich auf Lager! Nämlich: **Fliess über!**
Hast du schon mal miterlebt, wenn Sekt überschäumt?
Bitte erzählt es nicht weiter:
Ich habe mal bei meinen Schwiegereltern in ihrer Wohnung eine Flasche Sekt geöffnet. Ergebnis: Der Fleck war an der Zimmerdecke noch längere Zeit zu sehen. Was für ein peinliches Versehen. Ich bin froh, dass meine Schwiegereltern mir das verziehen haben und ich trotzdem ihre Tochter heiraten durfte.
In jedem Fall: Bitte achtet ab heute auf die Zimmerdecke, wenn ihr Champagnerflaschen öffnet, dass da nicht zu viel überläuft.
-Anders ist das beim Glauben. Da ist Überlaufen erwünscht! Und darum ist das DRITTE:

Fliess über! Als Christ bekommst du Gottes Geist, Gottes Kraft.
Im Bibeltext heisst es: Damals war Gottes Geist noch nicht da. Aber heute ist das anders. Vor zwei Wochen haben wir Pfingsten gefeiert: Das heisst die Ankunft von Gottes Geist bei allen Gläubigen.
Und darum, erinnere dich regelmässig daran: Als Christ bist du kein stehendes Gewässer! Gottes Geist, Gottes Kraft darf und soll aus dir heraus überschwappen, überlaufen, überfliessen.

Und darum: **Fliess über!** Nutze doch dabei die drei H!
Da ist einmal: H wie Hirn. Nutze dein Hirn zum gezielten Überlaufen.
Denke immer wieder gezielt darüber nach, wie du deine von Gott geschenkten Mittel, Gaben und Begabungen nicht nur für dich, sondern auch für andere einsetzen kannst.
Dann ist da ein zweites H. H wie Herz. Nutze dein Herz für das spontane Überlaufen.
Ein Nachbar fragt den anderen: „Hallo! Darf ich einmal ihren Rasenmäher ausleihen?"- „Ja", antwortet der andere, „solange er in meinem Garten bleibt…"
Du mach das anders. Sei spontan grosszügig. Sei wie ein Salat! Denn der Salat trägt sein Herz im Kopf. Hab' immer ein offenes Herz für andere!

Und schliesslich ist da das H wie Humor. Auch dieses H setze ein, sooft wie nur möglich: Humor kommt aus dem Lateinischen und heisst Saft!
Lass diesen Saft als Christ so viel wie möglich überfliessen. Wer Christ ist, hat Saft. Das Evangelium ist eine frohe, gute, befreiende Nachricht. Ich freue mich darum immer, wenn ich mit humorvollen Christen zusammenkomme. Denn dann spüre ich die befreiende Kraft des Evangeliums in Aktion. Dann spüre ich, dass eine der Geistesgaben Gottes die FREUDE ist. Letzten Herbst bin ich Abt Martin Werlen von Einsiedeln auf einer Tagung in Saas Fee begegnet. Er kannte mich noch nicht, ich kannte ihn noch nicht. Darum stellte ich mich Abt Werlen mit den Worten vor: "Herr Abt, erschrecken Sie sich nicht, ich heisse Luther! Luther wie der Reformator"- Darauf reicht der Abt mir seine Hand mit einem breitem Lächeln: "Kein Problem- ich heisse Martin.“ Der Mann hat Humor! Solch ein Humor verwandelt Situationen. Hast du Gott in deinem Leben schon einmal um Humor gebeten? Du solltest das ab heute regelmässig tun! Humor ist so wichtig wie das tägliche Brot! Und darum:
Fliess über! Tu es mit Hirn, Herz und eben Humor. Setze diese drei regelmässig ein: In der Familie, auf der Arbeit, bei den Nachbarn.

In jedem Fall: **Bleib durstig! Lass Jesus die Quelle deines Lebens sein und fliess immer wieder über.** So bleibt dein Glaube wirklich frisch. Amen.

„So hilft dir Gottes Geist". Apostelgeschichte 2,1-13:

1Und als der Pfingsttag gekommen war, waren sie alle an einem Ort
beieinander.
2 Und es geschah plötzlich ein Brausen vom Himmel wie von einem gewaltigen
Wind und erfüllte das ganze Haus, in dem sie saßen.
3 Und es erschienen ihnen Zungen zerteilt, wie von Feuer; und er setzte sich auf
einen jeden von ihnen,
4 und sie wurden alle erfüllt von dem heiligen Geist und fingen an, zu predigen
in andern Sprachen, wie der Geist ihnen gab auszusprechen.
5 Es wohnten aber in Jerusalem Juden, die waren gottesfürchtige Männer aus
allen Völkern unter dem Himmel.
6 Als nun dieses Brausen geschah, kam die Menge zusammen und wurde
bestürzt; denn ein jeder hörte sie in seiner eigenen Sprache reden.
7 Sie entsetzten sich aber, verwunderten sich und sprachen: Siehe, sind nicht
diese alle, die da reden, aus Galiläa?
8 Wie hören wir denn jeder seine eigene Muttersprache?
9 Parther und Meder und Elamiter und die wir wohnen in Mesopotamien und
Judäa, Kappadozien, Pontus und der Provinz Asien,
10 Phrygien und Pamphylien, Ägypten und der Gegend von Kyrene in Libyen
und Einwanderer aus Rom,
11 Juden und Judengenossen, Kreter und Araber: wir hören sie in unsern
Sprachen von den großen Taten Gottes reden.
12 Sie entsetzten sich aber alle und wurden ratlos und sprachen einer zu dem
andern: Was will das werden?
13 Andere aber hatten ihren Spott und sprachen: Sie sind voll von süßem Wein.

Neulich habe ich ihn gesehen: Den T 282 B. Weisst du, was das ist? Das ist der grösste und stärkste Transport- LKW der Welt. Er arbeitet im Tagebau. Er ist so hoch wie ein Haus, so breit wie eine dreispurige Autobahn. Suche mit dem einmal einen Parkplatz! Er packt 350 t Nutzlast und er hat - höre und staune – 3650 PS. Das ist ein wahres Kraftwerk auf vier Rädern.
Und du bist das letztlich auch: Seit Pfingsten bist auch du ein wahres Kraftpaket - zwar nicht auf vier Rädern, sondern auf zwei Beinen.
Denn jeder Christ, jeder, der an Jesus Christus glaubt, hat Gottes Geist (=GG), Gott selbst in sich.
Durch GG hast du drei entscheidende Vorteile! Unser Thema lautet:
„So hilft dir Gottes Geist." Und hier kommt der erste Vorteil:
Gottes Geist macht dir Mut.
Und darum: Schluss mit Schüchtern!
Stell dir vor: Ein Mann ist sehr schüchtern. Als er in einem Hotel den Lift

besteigt, fragt ihn der Lift-Boy: "In welches Stockwerk möchten Sie bitte?" Darauf flüstert der schüchterne Mann: "Vierter Stock, aber nur falls es für Sie kein Umweg ist." -Ich hoffe, du bist nicht so schüchtern wie dieser Mann. Seit Pfingsten brauchst du das auch gar nicht mehr zu sein. Denn:

Gottes Geist macht dir Mut.

Und darum: **Sprich offen!**

Denn durch GG werden die Jünger im Bibeltext mutig und sprechen offen über ihren Glauben. FRAGE an Dich:

Wo könntest du über deinen Glauben rede, zB, wenn du von jemanden darauf angesprochen wirst?

Mal zwei kurze Beispiele dazu, wo ich selbst schon auf den Glauben angesprochen worden bin:

Auf dem Zahnarztstuhl. Ich gebe zu, das war eher unbequem für mich. Aber die Frau vom Dentallabor hat interessiert zugehört, was ich ihr von JC erzählt habe.

Dann habe ich einmal einen Weinstock nach Zermatt gebracht: Der Schaffner im Zug spricht mich an: „Warum bringen Sie denn einen Weinstock nach Zermatt. Wollen sie dort etwa mit dem Weinbau beginnen?“ Ich sage, dass ich zu einer Taufe fahre. Und an dem Weinstock der Tauffamilie erkläre, dass Jesus für uns wie ein Weinstock ist und wir wie die Reben. Dass wir in der Verbindung mit Jesus neue Kraft bekommen. Und der Schaffner sagt, dass er das grossartig findet und dass er auch an Jesus glaubt und in die Kirche geht. Das ganze Zugabteil hört aufmerksam zu, was wir beide erzählen.

-Um es klar zu sagen: Du brauchst nicht auf dem Zahnarztstuhl zu sitzen. Du brauchst auch keine Weinstöcke nach Zermatt zu bringen. Aber GG gibt auch dir Möglichkeiten von deinem Glauben zu erzählen. Erzähle zB:

-Warum es sich für dich lohnt, Christ zu sein.

-Wie Jesus dir in Krisen geholfen hat.

-Was bringt es dir, in den Gottesdienst zu gehen.

Hallo! Du könntest ja jetzt auch zu Hause vor dem Fernseher sitzen, Formel eins anschauen und beobachten wie 20 Rennwagen im Kreis herum fahren. Das tust du nicht.

-Warum gehst du lieber hierher? -Andere dürfen das wissen.

Bitte schaut mal auf dieses Buch. Es handelt von Flechten, Moosen und Farnen. Könnt ihr euch was Faderes vorstellen als Flechten, Moose und Farne? Und doch hat zu mir jemand ganz begeistert darüber gesprochen, was diese unscheinbaren Pflanzen alles können. Wie wichtig sie für unser Ökosystem sind. Einige Flechten dringen sogar in Steine ein. Ich habe mir gleich dieses Buch gekauft. Wenn Flechten, Moose und Farne schon so begeistern können, um wie viel mehr gilt das für DIESES Buch, die Bibel.

Darum lasst uns neu und begeistert über die Botschaft dieses Buches sprechen. Es ist so grossartig, was da drin steht: über Jesus Christus, unseren Retter und Erlöser. Das Erste ist:

Gottes Geist macht Mut.

Und nun das Zweite:
Gottes Geist überwindet Widerstände
Du hast es gehört: Spötter sagen im Bibeltext über die begeisterten Jünger: *„Die sind ja betrunken"*. Aber diese Worte prallen an den Jüngern ab. Das soll das bei dir genauso sein. Wenn du weisst, dass Gott für dich einen bestimmten Weg vorgesehen hat, lass auch du dich nicht von Spöttern und Bedenkenträgern ausbremsen.

Gottes Geist überwindet Widerstände.
Ich denke an einen berühmten Bildhauer. Schon in frühester Jugend glaubt er, dass Gott selbst ihm die Berufung für die Bildhauerei gegeben hat. Seine Verwandten reagieren mit Unverständnis. Sie wollen aus ihm die Begeisterung für die Bildhauerei regelrecht herausprügeln. Recht soll er studieren. Doch er geht trotzdem seinen Weg. Mit riesigem Erfolg. Gott sei Dank! Was wären der Welt für Kunstwerke entgangen! Ein Werk ist der berühmte David. Der Name dieses Künstlers ist -wer weiss es- Michelangelo.

Gottes Geist überwindet Widerstände.
Und darum überwindet GG auch heute unvorstellbare Barrieren:
Einmal zwischen uns und Gott. Dann aber auch zwischen uns und unseren Mitmenschen. Die Jünger werden ab Pfingsten die Botschaft von Jesus in alle Welt tragen. Sie werden erzählen von der Vergebung, Versöhnung und vom Frieden, die von JC ausgehen. Wir dürfen das ebenso entschlossen und praktisch weitergeben.
Darum frage dich:
Wo kannst du festgefahrene Sprachlosigkeit in deiner Umgebung überwinden? Wo Gräben zuschütten? Wo vergeben? Wo Frieden machen?

Gottes Kraft überwindet Widerstände.
Und darum kannst auch du entschlossen in deinem Leben vorwärts gehen. Wenn du die Kapitel nach unserem Bibeltext weiterliest, dann kannst du grossartige Dinge erfahren:
-Wie Gottes Geist seinen Leuten in schwierigen Situationen die richtigen Worte in den Mund legt.
-Wie GG gläubige Menschen auf ganz besondere Weise führt.
-Wie GG Unmögliches möglich macht.
Alles das haben die Apostel erlebt. Und jetzt höre bitte genau zu: ALLES DAS darfst du auch erleben.
-Vielleicht steckst du heute auch in einer schwierigen Situation.
-Vielleicht brauchst gerade DU jetzt Gottes besondere Führung in einer bestimmten Sache.
-Vielleicht stehst auch du gerade vor einer undurchdringlichen Unmöglichkeitsmauer in deiner Gesundheit. Bitte denk daran: Du bist als Christ an GG, an Gottes Starkstromleitung angeschlossen. Es ist so wichtig für dich,

diesem Starkstrom bei dir persönlich Raum zu geben. Bitte täglich darum!
Gottes Geist macht Mut.
Gottes Geist überwindet Widerstände

Und nun noch das DRITTE!
Gottes Geist gibt neuen Schwung.
Im Bibeltext ist das am Feuer und am Wind gezeigt.
Das kann ich aus eigener Erfahrung nur bestätigen. Als Student wohne ich zeitweise bei meinem Bruder. Der hat einen Küchenherd, der noch mit Holz beheizt wird. Für mich gibt es da nichts Schöneres als mich abends an diesen Herd anzulehnen und mich zu wärmen. Einmal mache ich das wieder. Ich bin ganz in Gedanken versunken. Da steigt ein eigenartiger Geruch nach verbrannter Kleidung auf. Ich habe tatsächlich vom Herdfeuer hinten meine Hose angesengt. Wie ein Porsche Turbo renne ich ins Bad. ---Doch das ist der Beweis: Feuer setzt in Bewegung.
Beim Wind ist das ebenso. Letzten Sommer beobachte ich in einem Restaurant: Auf der Terrasse hebt ein kräftiger Windstoss den Sonnenschirm aus der Verankerung. Die Leute werden dadurch regelrecht aufgerüttelt, sie springen von ihren Plätzen auf, sie wachen auf.
Feuer und Wind geben neuen Schwung! Und so ist es auch mit Gottes Geist.

Gottes Geist gibt dir neuen Schwung, damit du aufwachst, damit du loslegst und zeigst, was in dir steckt.
Nur eine einzige Frage möchte ich dir jetzt dazu mitgeben:
-Was liegt in dir brach, was Gott in dich hineingelegt hat?
-Das können zB natürliche Gaben sein: musikalische, handwerkliche und andere besondere Fähigkeiten. Manchmal schenkt Gott uns auch lustige Sachen: Mein Urgrossvater war Lokomotivführer und verblüffte Fahrgäste und Kollegen damit, dass er mit seiner Zunge seine Nasenspitze berühren konnte. Viele Leute, die schlecht drauf waren, hat er dadurch zum Lachen gebracht.
-Da sind zudem dein Wissen und deine Lebenserfahrung.
-Dann hast du neben deinen natürlichen Gaben eventuell spezielle geistliche Talente von Gott bekommen: zB lehren, leiten, trösten, helfen, heilen.
-Frag einmal jemanden, dem du vertraust, welche natürlichen und geistlichen Talente er in dir sieht, die du zurzeit ungenutzt lässt. Bete darüber und dann lege los! In jedem Fall:
Gottes Geist hilft dir dabei. Er macht das folgendermassen:
1. Er macht dir Mut. 2. Er überwindet Widerstände.
3. Er gibt dir neuen Schwung. Dass du das immer wieder siehst und lebst, das wünsche ich Dir von ganzem Herzen. Amen.

„Nutze deine Kraftquelle!“ Apostelgeschichte 9, 36-42:

36 In Joppe war eine Jüngerin mit Namen Tabita, das heißt übersetzt: Reh. Die tat viele gute Werke und gab reichlich Almosen.

37 Es begab sich aber zu der Zeit, daß sie krank wurde und starb. Da wuschen sie sie und legten sie in das Obergemach.

38 Weil aber Lydda nahe bei Joppe ist, sandten die Jünger, als sie hörten, daß Petrus dort war, zwei Männer zu ihm und baten ihn: Säume nicht, zu uns zu kommen!

39 Petrus aber stand auf und ging mit ihnen. Und als er hingekommen war, führten sie ihn hinauf in das Obergemach, und es traten alle Witwen zu ihm, weinten und zeigten ihm die Röcke und Kleider, die Tabita gemacht hatte, als sie noch bei ihnen war.

40 Und als Petrus sie alle hinausgetrieben hatte, kniete er nieder, betete und wandte sich zu dem Leichnam und sprach: Tabita, steh auf! Und sie schlug ihre Augen auf; und als sie Petrus sah, setzte sie sich auf.

41 Er aber gab ihr die Hand und ließ sie aufstehen und rief die Heiligen und die Witwen und stellte sie lebendig vor sie.

42 Und das wurde in ganz Joppe bekannt, und viele kamen zum Glauben an den Herrn.

Ist euch das auch schon einmal passiert:
Vor einigen Jahren fahren meine Frau und ich auf der Autobahn. Wir sind schon nahe an unserem Ziel. Doch dann macht unser Auto tuck-tuck und pffffff.
Gerade noch können wir zum Fahrbahnrand kommen. Dann rufen wir den Pannendienst. Wisst ihr was der Grund der Panne ist?
Bitte erzählt es niemandem weiter: Es ist – das Benzin. Der Tank ist leer. Und wir kaufen beim Pannendienst das teuerste Benzin unseres Lebens. Das hätten wir einfacher und billiger haben können.
Genauso ist es auch sonst oft im Leben. Du plagst dich, du wurschtelst so vor dich hin, bis du am Ende deiner Kraft bist.
Lass es nicht soweit kommen!
Unser Thema heute lautet: **„Nutze deine Kraftquelle.“** Und genau das ist der erste Punkt.
Schöpfe aus deiner Kraftquelle. Mach das rechtzeitig!

Damit es dir anders geht wie mir damals. Damit du nicht auf der Autobahn deines Lebens stehen bleibst.

Schöpfe aus deiner Kraftquelle. - Mach das wie Tabita!
Die Kraftquelle von Tabita wird in unserem Bibeltext mit einem einzigen Wort umschrieben: Tabita ist eine Jüngerin!
Tabita glaubt an Jesus Christus. Das ist ihre Kraftquelle! Das darf auch deine sein. Komm auch du zu Jesus und hol' dir von ihm neue Kraft.
Denn durch Jesus bekommst du einen tiefen inneren Frieden. Einen Frieden, der grösser ist als alle Umstände. Einen Frieden, der bis in Ewigkeit reicht. Dafür ist Jesus für dich ans Kreuz gegangen und wieder auferstanden.
Denn durch Jesus bekommst du neuen Mut! Neue Stärke. Was du auch heute in diesen Gottesdienst mitgebracht hast, Jesus sagt es dir:
„Her zur mir und her mit deinen Zweifeln,
her mit deinen Problemen,
her mit deinem ganzen Leben. Vertrau mir und schliess dich mir an."
Wenn du an diese Lebensquelle angeschlossen bist: Herzlichen Glückwunsch!
Wenn noch nicht: Komm und schliess dich noch heute Jesus Christus an!

Schöpfe aus deiner Kraftquelle. -Mach das regelmässig!
Wisst ihr was Mentaltraining ist?
Sportler machen das. Sie gehen regelmässig in Gedanken den Ablauf von ihrem Einsatz durch. Als Christen machen wir das im übertragenen Sinne am besten auch.
Geh regelmässig mit deinem Herrn den Tag durch. Sag ihm: „Das und das ist heute dran! Herr, da brauch ich deine Hilfe. Herr, das steht an."
Schöpfe rechtzeitig aus deiner Kraftquelle.
Stell dir vor: Da treffen sich zwei Freunde vor dem Stadion des Fussballvereins. Sagt der eine: "Ich wünschte, ich hätte meinen Wohnzimmerschrank dabei." Fragt der andere: "Wieso denn das?" "Ich habe meine Eintrittskarte für das Spiel darauf liegen lassen!" So kann es gehen. So vergesslich kann man sein.
Bitte vergiss ab heute eines nie: Komm zum Herrn und:

Schöpfe rechtzeitig aus deiner Kraftquelle. Das ist Punkt eins.
Und nun Punkt zwei.
Wenn du ein Getränk wärst, was wärst du dann?
Ein kalter Kaffee? Ein lauwarmes Bier? Ein korkiger Wein?
Als Christ solltest du wie ein überschäumender, frischer Champagner sein! Und darum:
Lass deine Kraftquelle überfliessen. Das ist der zweite Punkt.
Lass deine Kraftquelle überfliessen. Mach das automatisch!
Denn Gutes tut ein Christ, ohne lange zu überlegen.

Das ist wie beim berühmten Kniescheibenreflex. Da nimmst du einen Hammer Durch einen leichten Schlag unterhalb der Kniescheibe schnellt dein Bein hoch. Wenn das bei dir funktioniert, dann siehst du: Du bist gesund.
Und wenn ein Christ sich direkt in Bewegung setzt, seine Hände öffnet für andere, ihnen hilft, dann ist auch sein Glaube gesund.
So ist es auch bei Tabita. Tabita hat offensichtlich Kleider für Witwen genäht. Die Witwen haben damals überhaupt keine soziale Versorgung, sie hängen materiell in der Luft. Diese Not hat Tabita nun gesehen und praktisch etwas dagegen getan.
Es ist doch so: Es gibt eine ganze Reihe von Leuten, die sehen die Probleme nur, die zeigen bloss an, was nicht richtig ist und was verbessert werden müsste.
Aber es genügt nicht, dass du nur die Krankheit benennst.
Benenne nicht nur die Krankheit, sondern kümmere dich eben auch um die Medizin, pack DU mit an.
Mach dir noch heute eine Liste mit zwei Spalten.
Linke Spalte: Das sind die Missstände in meiner Umgebung.
Rechte Spalte: Das kann ich persönlich dagegen tun.

Lass deine Kraftquelle überfliessen! -Mach das **schnell!**
Stell dir vor: Der Chef sagt zum neuen Kollegen: "Sagen Sie mal, ich beobachte Sie schon eine geraume Zeit. Sie denken langsam, Sie gehen langsam, Sie arbeiten langsam... Gibt es überhaupt etwas, was bei Ihnen schnell geht...? – Darauf die Antwort: Ja, ich werde schnell müd‘."
Aus ganz anderem Holz ist da diese Tabita geschnitzt. Namen in der Bibel haben immer eine Bedeutung: Reh oder Gazelle so kann man Tabitas Namen übersetzen. Ich stelle mir vor: Tabita ist schnell und entschlossen in allem, was sie tut!
Mach es genauso wie Tabita: Wenn du eine gute Idee hast, setze sie auch bald um! Und darum:
Wenn du willst, füge darum auf der besagten Liste noch eine Zusatzspalte hinzu mit einem Datum, WANN du das tun wirst, was du tun willst.

Lass deine Kraftquelle überfliessen. –Mach das gegen den Drehwurm-Effekt.
Hast du das auch schon festgestellt:
Deine Sorgen und Probleme werden immer grösser, wenn du dich ständig und ausschliesslich NUR um dich selbst drehst.
So bekommst du dadurch einen richtigen geistigen Drehwurm.
Um diesen Kreislauf zu durchbrechen, lohnt es sich der Tabita zu folgen! Lass wie sie deine Kraftquelle für andere überfliessen!
Schöpfe rechtzeitig aus deiner Kraftquelle.
Lass deine Kraftquelle überfliessen.
Und nun noch das Dritte.
Erwarte was von deiner Kraftquelle!
Denn Gott ist nichts unmöglich.

Zuerst passiert ja etwas ganz Trauriges: Tabita wird krank und stirbt. Man weint und klagt zu Recht um sie. Denn man weiss, was man an ihr gehabt hat.
Dann wäscht man die tote Tabita und legt sie nicht etwa in ein Grab, sondern ins obere Stockwerk des Hauses. Es fällt auch auf, dass nur von der Waschung des Leichnams die Rede ist. Oft wurde der Leichnam gleich nach dem Waschen aus Liebe und Verehrung gesalbt. Das hätte man sich auch bei Tabita vorstellen können. Wenn das Fehlen der Salbung kein Zufall ist, könnte das bedeuten, dass man mit einer Auferweckung rechnet. Und der herbeigerufene Petrus weckt ja Tabita durch sein Gebet auf. Vielleicht denkt jetzt jemand: Unmöglich, damit zu rechnen.
Sicher war das ein Ausnahmefall, auch im Neuen Testament. Es gibt schliesslich keine Auferweckungen am Fliessband durch Petrus oder durch andere Apostel.
Aber eine grundsätzliche Frage ist: Was wollen wir Gott an Macht zugestehen? Wo wollen wir ihm eine Grenze ziehen?
Lasst uns darum selbst mehr von Gott erwarten! Für jeden einzelnen von uns darf gelten:

Erwarte was von deiner Kraftquelle!
Denn Gott will, dass du GROSS von ihm denkst.
Sagt ein Bäcker zum Bäckerlehrling: "Um einen guten Kuchen zu backen, brauchst du ein Drittel Zucker, ein Drittel Mehl und zwei Drittel Milch."
Darauf erwidert ihm der Lehrling: "'Meister, das ist aber nun ein Drittel zu viel!"
Bäcker: "Dann musst du eben eine grössere Schüssel nehmen..."
Du lachst vielleicht über diesen Bäcker. Und trotzdem, mir gefällt seine Art zu denken. Er denkt gross. Und das dürfen wir auch.
Denn der Herr kann das uns anscheinend Unmögliche tun. Als Auferstandener überwindet er doch alle Barrieren!
Geh einmal dein Leben durch:
Wo denkst du zurzeit zu klein von Gott:
-bei einem bestimmten Problem?
-in der Beziehung zu einem bestimmten Menschen?
-bei deiner Gesundheit?
Erwarte was von deiner Kraftquelle!
Weil es Ostern gibt, ist alles möglich. Auch in deinem Leben.
Nimm dir die Geschichte dieser Tabita zum Vorbild und:
1. Schöpfe rechtzeitig aus deiner Kraftquelle. 2. Lass sie überfliessen.
3. Erwarte was von deiner Quelle, von deinem Herrn und Gott. Amen.

„Was tun, wenn du aufgeben möchtest?“ Römerbrief 5, 1-5:

1Da wir nun gerecht geworden sind durch den Glauben, haben wir Frieden mit Gott durch unsern Herrn Jesus Christus;

2 durch ihn haben wir auch den Zugang im Glauben zu dieser Gnade, in der wir stehen, und rühmen uns der Hoffnung der zukünftigen Herrlichkeit, die Gott geben wird.

3 Nicht allein aber das, sondern wir rühmen uns auch der Bedrängnisse, weil wir wissen, dass Bedrängnis Geduld bringt,

4 Geduld aber Bewährung, Bewährung aber Hoffnung,

5 Hoffnung aber lässt nicht zuschanden werden; denn die Liebe Gottes ist ausgegossen in unsre Herzen durch den Heiligen Geist, der uns gegeben ist.

Neulich gehe ich an einem Geschäft vorbei. In dem hängt ein Schild. Ich muss zweimal hinschauen, um das Schild richtig zu lesen. Darauf steht folgendes: „Zutritt strengstens --- erlaubt!“
Unser Thema heute ist: **„Was tun, wenn du aufgeben möchtest?“**
Genau das ist der erste Punkt: **Nutze deine Verbindung zu Gott!**
Denn bei ihm ist der Zutritt immer strengstens erlaubt.
Wenn ein Problem sich nicht lösen will,
wenn der Mut dich verlässt,
wenn du dabei bist, in Panik zu geraten- Dann sag STOPP! Und:

Nutze deine Verbindung zu Gott!
Was auch immer dich heute bedrückt, beschäftigt oder plagt:
Denk an diese drei Worte: "Zutritt strengstens erlaubt!“-
Brenn dir diese Worte in dein Gedächtnis ein.
Schreib sie dir auf.
Bei mir hängt dieses Schild seit Wochen an der Bürotür. Ich gehe jeden Tag bewusst an diesem Satz vorbei.
Klebe auch du diesen Satz dorthin, wo du oft hinschaust. Damit du dich immer daran erinnerst, bevor du aufgeben willst:

Nutze deine Verbindung zu Gott!
Paulus sagt dir, warum sich das für dich lohnt;

Durch diese Verbindung bekommst du Frieden mit Gott. Einen Frieden, der grösser ist als alle deine bedrängenden Umstände. Einen Frieden, der bis in Ewigkeit reicht. Einen Frieden, aus dem du jetzt schon schöpfen kannst.
Dieser Friede gibt dir Kraft zum Durchstehen.
Dieser Friede gibt dir neuen Mut.
Er gibt dir die nötige Entschlossenheit, die Dinge anzupacken.
Und darum: **Nutze deine Verbindung zu Gott!**
Das ist die Nummer eins. Und nun das Zweite:

Paulus gibt dir einen weiteren wichtigen Tipp. Er sagt: **Nutze den Druck!**
In bedrückenden Situationen - **nutze den Druck!** ---Uaaaah! Viele Leute, die das Wort „Druck" hören, sagen sich: „Hilfe, nichts wie weg!"
Paulus nennt dir hier eine echte Alternative. Er sagt dir, lauf nicht weg. Bleib da und halt stand und: **Nutze den Druck!**
Denn dann bekommst du aus Bedrängnis Geduld, aus Geduld Bewährung, aus Bewährung neue Hoffnung. Verstehst du das?
Paulus sieht den Druck als etwas, was dich voranbringt!
Und das funktioniert!!!
Denk daran: Aus Druck ist die Kirche entstanden.
Wie die Christen damals in Rom mit dem Druck und der Verfolgung umgegangen sind, genau das hat die Kirche enorm wachsen lassen.
Aus Druck ist auch die moderne Schweiz entstanden.
Und Druck hat sonst auch viele Leute vorwärts gebracht.
Dieses Jahr ist sein 350 Todestag. Sein Name: Blaise Pascal. Er ist Christ und Mathematiker. Und er hat oft drückende Zahnschmerzen. Pascal vertreibt diese Zahnschmerzen, indem er ungelöste mathematische Probleme bearbeitet. Und er erzielt dabei bahnbrechende Ergebnisse.
Ich will euch keinesfalls vom Zähneputzen abhalten. Ich möchte, dass ihr mir auch weiterhin so blendend entgegenlächelt wie heute Morgen.
Trotzdem - auch dieses letzte Beispiel zeigt: Druck verschiedener Art kann dich voranbringen. Und mit Gottes Hilfe wird das auch bei dir so sein.

Und darum: **Nutze den Druck!**
Nick Vujicic! Den Namen solltest du dir merken. Denn er ist ein tolles Beispiel für den heutigen Bibeltext. Nick hat ein Buch geschrieben. Es ist ein echter Bestseller. Titel: „Mein Leben ohne Limits. Wenn kein Wunder geschieht, sei selbst eins."
Als Folge einer Fehlbildung wird er ohne Arme und Beine geboren.
Als Kind leidet Nick Vujicic darum unter Depressionen. Nick hat lange Zeit keinen Sinn und keine Hoffnung für sich gesehen. Und eines Tages will er sogar endgültig aufgeben.
Das ändert sich erst, als er seine Einschränkung als Auftrag Gottes begreift. Nick findet den Sinn seines Lebens schliesslich darin, Menschen von Jesus zu erzählen, sie zu bestärken, sie zu ermutigen. Heute ist er ein international

anerkannter Missionar und Motivationsredner. Und er tut dies mit einem riesigen Schuss Humor.
Zwei Gedanken von ihm bewegen mich besonders. Nick sagt: „Ohne Arme und Beine ist nicht so schlimm, wie ohne Hoffnung zu sein. Lass Jesus Christus deine Hoffnung sein."
Und dann sagt Nick: „Meine schweren Erfahrungen haben mich vorangebracht. Meine Schwierigkeiten sind ein guter Lehrer. Sie haben meinen Charakter gestärkt." Wenn du mal schlecht drauf bist, dann schau in sein Buch hinein.
Überlege dir in jedem Fall ganz gezielt für dich:
Wo gibt es eine Drucksituation in deinem Leben?
Wie kannst du diesen Druck nutzen?
Wie kann er dich voranbringen?
Du hast es gehört, was zu tun ist, wenn du aufgeben möchtest:
1. Nutze die Verbindung zu Gott.
2. Nutze den Druck!

Und nun noch das Dritte:
Es ist so: Jede Situation hat bildlich gesehen zwei Griffe: Du kannst eine Situation am Griff der Ängstlichkeit oder der Zuversicht anpacken.
Du kannst sie am Griff des Pessimismus oder des Optimismus anpacken.
Du kannst sie am Griff schlimmer Befürchtungen anpacken oder am Griff des Glaubens an Jesus Christus.
Oft liegt es dabei nur an einem kleinen Wort: Ein kleines Wort, Paulus verwendet es im Bibeltext. Wie heisst es? Es ist das Wort „ABER."
Das ist das DRITTE: **Nutze die Kraft des ABER!**

Wohlgemerkt: **Nutze die Kraft des positiven ABER!** Es gibt auch ein negatives Aber. Das klingt dann so:
-Ich will gerne eine Idee umsetzen, aber mein Chef, mein Nachbar oder sonst jemand ist dagegen.
-Ich will mehr aus meinen Möglichkeiten machen, aber ich finde niemanden, der mich unterstützt.
-Ich will raus aus einer bestimmten Situation, aber ich habe keine Kraft dazu.
Entferne diese Art von Aber-Glauben aus deinen Gedanken.

Nutze ab heute **die Kraft des positiven ABER**! Kaffeetrinker jetzt herhören!
Wie bereitest du dir deinen Kaffee: mit einer Kaffeemaschine, löslich oder mit der Filtermethode? Die Geschmäcker sind verschieden. Darum bleibt das dir überlassen.
Für das Wort „ABER" empfehle ich dir jedoch die Filtermethode! Filtere in der kommenden Woche einmal bewusst heraus, wie du das Wort „ABER" verwendest: Tust du das negativ oder positiv, als Bremse oder zur Ermutigung?
Nutze **die Kraft des positiven ABER**!

Du hast es heute vielleicht besonders schwer. ABER Paulus erinnert dich daran: Du hast doch die grösste Macht des Universums. Gott selbst hast du auf deiner Seite. Seine Kraft, sein Geist, seine Liebe sind doch mit dir.
Mit diesem Rückenwind: Stell dich deinen Schwierigkeiten! Stell dich deinen Herausforderungen, stell dich allen negativen Gedanken!
Setze allem ab heute das positive ABER Gottes entgegen!
Und dann geh mit seiner Hilfe an, was zu tun ist.

Unser Thema heute: „**Was tun, wenn man aufgeben möchte?“**
Drei Dinge hast du gehört:
1. Nutze deine Verbindung zu Gott!
2. Nutze den Druck! 3. Nutze die Kraft des positiven ABER!
Und tu bitte eines: Gib NIE, NIE, NIE auf! Gott segne dich dazu. Amen.

Drei Wünsche fürs neue Jahr.“ 1. Korintherbrief 16, 13:

Wachet, steht im Glauben, seid mutig und seid stark!

Es ist nach einem Konfirmandenlager. Ich bin mit meiner Frau auf einer vierspurigen Stadtautobahn. Ich bin voller Eindrücke über dieses Lager und bin mittendrin zu erzählen. Und da passiert es. Es macht – „blitz!“ Und dann ein zweites Mal „blitz“. Was ist geschehen?

Ich habe eine rote Ampel übersehen. Zum Glück gibt es keinen Unfall. Doch meine Fahrerlaubnis bin ich für einen Monat los. Denn ich habe nicht aufgepasst. Genau das ist auch der erste Punkt, der erste Wunsch vom Apostel Paulus für das neue Jahr: **Sei wachsam!** Wachsam sein heisst:

Wissen, wann rot ist. Das heisst: Rechtzeitig STOPP sagen und anhalten. Stellt euch vor: Ein Mann geht in den Zoo. Am Löwenkäfig hält er aus Übermut seinen Finger hinein. Der Löwe schnappt zu. Verzweifelt hält der Mann darauf seinen blutenden Finger hoch und fragt verzweifelt die umstehende Menschenmenge. „Was soll ich denn jetzt bloss tun?“ Da antwortet ihm jemand aus der Menge: „Steck doch deinen Kopf auch noch hinein! “ -Ja, so kommt es mir manchmal unter uns vor.

Wir wissen, was uns nicht bekommt, was uns nach unten zieht. Und trotzdem verpassen wir es, STOPP zu sagen und anzuhalten. Mach es anders. Hör auf Paulus, **sei wachsam!** Lass niemals zu, dass unberechtigte Sorgen sich in dir festsetzen. Lass niemals zu, dass negative Gedanken sich bei dir einnisten. Lass niemals zu, dass Streitereien die Beziehung zu jemand anderen belasten. So ist es leider bei den Korinthern, denen Paulus diesen Bibelvers schreibt.

Sei wachsam. Wachsam sein heisst aber auch:

Wissen, wann grün ist. Es gibt auch viele Menschen, die haben oft geistig gesehen eine rote Ampel vor sich, obwohl sie freie Fahrt haben.

Sei wachsam. Das heisst eben auch: Freu dich über grün!

Nutze Möglichkeiten, Chancen und Gelegenheiten, die Gott dir zeigt! Zum Zupacken, zum Umsetzen von guten Ideen. Ich habe vor einiger Zeit ein Buch geschenkt bekommen. Mit dem Titel: ME SÖTT. (Schweizerdeutsch für „Man sollte“). Und darin sind auf jeder Seite mit Bild humorvolle, aber auch viele ernstgemeinte Vorschläge gemacht, was man endlich einmal tun sollte.

Bitte Gott regelmässig darum, dass er dir offene Augen für die grünen Phasen deines Lebens gibt!

Sei wachsam! Das ist der erste Wunsch vom Apostel Paulus. Und nun kommt der Zweite: Wie kannst du sicher stehen? Zum Beispiel wenn du in einen überfüllten Bus steigst? Damit du sicher stehst, brauchst du einen festen Halt! Das gilt nicht nur im Bus, sondern im Leben überhaupt. Darum sagt Paulus noch etwas: **Steh im Glauben!**

Das heisst zum einen: Lass dich nicht so schnell aus der Fassung bringen. Es ist doch so: Viele Zeitungen würden pleitegehen, wenn sie positiv nach der Wahrscheinlichkeitsrechnung berichten würden:

7,9 Millionen Menschen wurden letzte Woche nicht in der Schweiz überfahren. 2733 Juweliergeschäfte nicht überfallen. 9800 Züge kamen pünktlich an. Niemand ist wegen der Politik unserer Regierung verhungert. Nur stehen solch positive Sachen kaum bis nie in der Zeitung.

Steh im Glauben! Das heisst weiter: Lass dich nicht unterkriegen! Dein Glaube erneuert sich gerade durch deine Nöte. Wichtig ist es, Jesus in deinen Stürmen des Lebens zu sehen und zu erkennen. Auf Seine Stimme zu hören Auf Sein Wort hin zu handeln.

Steh im Glauben fest! Das heisst schliesslich:

Warte ab, wie es ausgeht! Manchmal fragen wir uns -„Wann hilft Gott mir denn endlich?“ Stell dir vor: Eine Tochter erzählt ihrer Mutter, wie alles gerade schiefläuft. Sie fällt im Rechentest durch, ihr Freund hat mit ihr Schluss gemacht und ihre beste Freundin zieht auch noch weg.

Derweil bäckt ihre Mutter einen Kuchen und fragt ihre Tochter, ob sie denn etwas davon möchte. Die Tochter sagt: „Natürlich, ich liebe deine Kuchen.” “Hier, nimm etwas Speiseöl, mein Schatz”, sagt die Mutter. „Igitt“ sagt ihre Tochter. “Wie wäre es mit ein paar rohen Eiern?“- „Ist ja ekelhaft!” „Möchtest du denn etwas Mehl?“ “Nein, wie widerlich!” Dazu erwidert die Mutter: „Ja, siehst du, all diese Dinge scheinen einzeln ungenissbar. Doch wenn sie richtig zusammengetan werden, ergeben sie einen köstlichen Kuchen!“

Mit Gott ist es genauso. Oftmals fragen wir uns, weshalb Gott uns solch schwierige Zeiten durchleben lässt. Aber du darfst wissen, wenn ER die Dinge ordnungsgemäß zusammenführt, werden sie immer zum Guten sein! Wir müssen uns an ihn halten. Und dann ergeben all diese Dinge etwas, etwas Gutes. -Kennst du solche Sätze:

"Mir gelingt aber auch gar nichts."

"Warum werde nur immer ich krank?".

"Ich hab nichts Besseres verdient." Das sind kleine Sätze, die grosse Wirkung zeigen. Mach folgendes: Tausche diese Sätze bewusst gegen andere aus. Sätze wie diese: Gott schickt mir, was ich brauche. Ich bin zuversichtlich, dass sich alles zu meinem Besten entwickeln wird und ich gehe mit Gottes Hilfe mutig meinen Weg. Das führt auch zum Dritten, was Paulus dir und uns allen wünscht:

Sei mutig und stark! Und befreie dich von altem Ballast.

Ja, loslassen kostet oft Mut. Viel lieber klammern sich Menschen darum an Dingen fest, die sie hindern und Kraft kosten. Das war bei den Korinthern so. Das ist auch heute bei vielen so. Mach das anders. Bitte Gott um den Mut und die Kraft loszulassen von all deinem überflüssigen Lebensballast.

Sei mutig und stark -und enttäusche dich und andere. Du hast richtig gehört! Enttäusche dich und deine Mitmenschen!

Nimm die Täuschungen weg! Überlege dir:

-Wo solltest du nicht mehr mitspielen?

-Wo solltest du etwas verändern?

-Wo wäre weniger mehr?

Sei mutig und stark! Und packe die Dinge an, die getan werden müssen. Was schiebst du auf die lange Bank? Pack sie endlich an. Hol dazu Stärke von Gott! Und nimm heute mit, was unser Bibelvers dir sagt: *Wachet, steht im Glauben, seid mutig und seid stark!* Dass uns das immer wieder neu mit Gottes Hilfe gelingt - das wünsche ich uns allen. Amen.

„Gottes Botschafter." 2. Korintherbrief 5, 20:

So sind wir nun Botschafter an Christi statt, denn Gott ermahnt durch uns; so bitten wir nun an Christi statt: Lasst euch versöhnen mit Gott!

In 187 Ländern unterhält die Schweiz eine eigene Botschaft. Das ist noch nicht genug. Gott möchte, dass auch DU für ihn eine Botschaft eröffnest: In deiner Strasse, in deinem Wohnort! **Gottes Botschafter,** das ist unser Thema.

Und darum: **Werde zum Botschafter.** Das ist der erste Punkt. Denn du hast jede Menge Vorteile:

Die Botschaft ist ein Stück geschütztes Staatsgebiet im anderen Land. Als Botschafter besitzt du diplomatische Immunität. Als Gottes Botschafter stehst du unter Gottes Schutz.

Niemand hat Macht über dich ausser Gott selbst. Menschen können dir letztlich nichts tun, weil du in Gottes Machtbereich bist.

Werde Gottes Botschafter, denn dann gilt auch für dich, was Paulus an einer anderen Stelle geschrieben hat: Dann kann *weder Tod noch Leben, weder Engel noch Mächte noch Gewalten, weder Gegenwärtiges noch Zukünftiges, weder Hohes noch Tiefes noch sonst irgendetwas dir anhaben.*

Werde zu Gottes Botschafter, denn dann ist auch Schluss mit Bezahlen. Als Botschafter brauchst du keinen Strafzettel mehr zu bezahlen. Denn auch das gehört zu deinem diplomatischen Schutz. Also: keine Busse wegen zu schnellem Fahren, falschem Parkieren usw.

Als Botschafter Christi hast du es noch besser. Auch da hat schon ein anderer für dich bezahlt: Jesus Christus selbst! Und zwar viel Wichtigeres als Strafzettel für falsches Fahren.

Deine Schulden überhaupt sind erlassen. Alles, was schief gelaufen ist in deinem Leben. Alle alten Geschichten. Alles, was dich plagt und in deinem Herzen sich angesammelt hat, wird gestrichen, ist bezahlt und du bist frei davon. **Werde zum Botschafter!**

Denn es ist nicht schwierig. Vielleicht erstaunt dich das.

Doch es ist einfacher als du denkst. Gut: Nach menschlichen Massstäben ist das zwar ganz schön schwierig! Wenn du ins Schweizer diplomatische Corps aufgenommen werden möchtest

-brauchst du ein Universitätsstudium

-musst du einen Zulassungswettbewerb bestehen

-darfst du nicht älter als 35 Jahre alt sein.

Nach göttlichen Massstäben jedoch ist das ganz einfach, Botschafter zu werden. Dein Alter und deine Ausbildung sind Gott egal. Nur eins ist wichtig. In unserem Bibelvers steht es:

Lass dich versöhnen mit Gott. Lass zu, dass Jesus in deinem Herzen Frieden macht. Ein besonderes Abzeichen bekommt jeder neue Botschafter, wenn er seinen neuen Posten antritt. Da steht dann unter dem CD-Schild noch ein Satz: „ex amicitia pax“, das heisst, „durch Freundschaft Frieden.“ Das gilt auch für dich: Wenn Gott dein Freund ist, hast du Frieden im Herzen.

Nun sind die Korinther damals und wir selbst heute eingeladen, das zu sehen, zu glauben, von Herzen dankbar dieses Geschenk anzunehmen und einfach nur zu sagen: JA! Ich lass mich versöhnen mit Gott. Ich will mein Leben bewusst mit IHM führen. Denn dann bist du Christ. Dann gehörst du zu Gottes diplomatischem Corps. Dann bist du Gottes Botschafter.

Paulus hat das selbst erlebt. Vor Damaskus erfährt er die Lebenswende. Als ein Verfolger der Christen, als ein Feind von Gottes Sohn, wird er sein Freund, sein begeisterter Botschafter. Das darfst auch du erleben: Darum **werde zum Botschafter Gottes.** Zum Botschafter seines Sohnes Jesus Christus.

Und nun das Zweite. Zu einem Botschafter werden ist das eine. Mach es dir zur Gewohnheit, auch wie ein Botschafter zu denken. Das ist Punkt zwei: **Denke wie ein Botschafter.** Das heisst: Bedenke, dass einer über dir ist. Ich weiss nicht, was du in diesen Gottesdienst mitgebracht hast. Ich weiss nicht, ob du in der kommenden Woche eine besondere Aufgabe vor dir hast. Ein schwieriges Gespräch, ein Problem mit deiner Gesundheit oder was auch immer. Ich weiss es nicht.

Aber bitte denke dabei daran: Du bist Gottes Botschafter. Doch der erste Botschafter, der Aussenminister von Gottes Reich, ist Jesus Christus. Er ist an deiner Seite, er steht neben dir. Vor dir. Hinter dir. Und auch über dir. Wenn du nicht weiter weisst, kannst du dich an ihn wenden. Er hat die letzte Verantwortung.

Denke wie ein Botschafter.

Das heisst: Bedenke, dass das du etwas Besonderes bist. Du gehörst zu einem besonderen Kreis. Darum kannst du selbstbewusst und mutig deinen Weg gehen. Darum kannst du mit Gottes Rückenwind deine Herausforderungen anpacken.

Denke wie ein Botschafter. Bedenke, dass du nicht perfekt sein musst. Sicher: Du sollst immer versuchen, eine gute Visitenkarte als Gottes Botschafter in deiner Umgebung abzugeben. Trotzdem: Perfekt ist nur der Herr selbst. Vom Auswärtigen Amt in Deutschland wurde ein Beamter als Botschafter für die Schweiz vorgeschlagen. Der damalige deutsche Bundeskanzler Konrad Adenauer lehnte ab. Seine Begründung: „Nein, den nehmen wir nicht. Der macht sich zu viel aus seinen Fehlern.“ Bei dir darf das so sein: Wenn du Fehler machst, gib sie an Gott ab. Bring sie ehrlich vor ihn. Und dann mach dir nichts weiter draus. Vergeben ist vergeben, vergessen ist vergessen. Und dann versuch es mit seiner Hilfe noch einmal.

1. Werde zum Botschafter. 2. Denke wie ein Botschafter und nun noch ein dritter Punkt: **3. Handle wie ein Botschafter.**

Denn ein Botschafter ist Werbeträger, Hinweis, Aushängeschild für sein Land. Als Botschafter Gottes haben wir nämlich ebenfalls genau diese Bestimmung. Christen sind Botschafter an Christi statt, d.h., wir vertreten die Sache des Herrn an dem Platz, an den wir gestellt sind. Und darum:

Handle wie ein Botschafter. Das heisst: Trage die Botschaft weiter. Stell dir einmal vor, du weisst über ein unglaubliches Sonderangebot Bescheid. Was würdest du machen? Du würdest sicher begeistert anderen davon erzählen! Bitte Gott immer wieder darum, dass ER dich gebraucht, anderen deinen Glauben weiterzugeben. Bitte IHN um Weisheit! Bitte IHN um Mut! Bitte IHN um Gelegenheit, mit Menschen ins Gespräch zu kommen!

Lass andere spüren, wie dich dein Glaube trägt, wie er dich weiterbringt. **Handle wie ein Botschafter.** Trage den Frieden weiter.

Botschafter sind Friedensbringer. Sie setzen sich für den Frieden ein. **Bei den Christen ist das genauso.** Als mit Gott Versöhnte tragen wir zur Versöhnung bei. Letzten Monat erzählt mir eine Frau folgende Geschichte. Ich darf sie mit ihrer ausdrücklichen Erlaubnis weitergeben. Der Kopf ist voll, ihr Herz ist schwer. Wegen eines Erbschaftsstreits kann diese Frau seit Wochen keine Ruhe mehr finden. Sie ist dabei, einen Anwalt zu nehmen, um gegen ein Familienmitglied zu prozessieren. Niedergedrückt besteigt sie einen Zug. Da findet sie vor sich auf dem Boden im Zugabteil einen Zettel. Er ist aus einem Bibelabreisskalender. Fettgedruckt steht auf der Vorderseite: „Willst du Recht oder Frieden?“ In diesem Moment entscheidet die Frau: „Ich will Frieden! Mir ist der Frieden in der Familie mehr wert als mein Recht.“ Und sie beendet den Erbschaftstreit, auch wenn sie dadurch Nachteile bekommt. Ich finde es grossartig, wie diese Frau sich von Gott hat ansprechen lassen. Sie hat diesen Zettel als Zeichen gesehen. Und wurde zur Friedensbringerin in der Familie. Überlege auch du schon im Kleinen, im Alltag, wo du so ein Friedensbotschafter sein kannst. Und darum:

1. Werde und 2. denke und 3. handle wie ein positiver Botschafter Gottes. Dass es dir und mir immer wieder neu gelingt, dass wünsche ich uns allen. Amen.

„Drei Dinge, die dich tragen.“ 1. Thessalonicherbrief 5, 16-18:

16 Freut euch zu jeder Zeit! 17 Betet ohne Unterlass! 18 Dankt für alles; denn das will Gott von euch, die ihr Christus Jesus gehört. (Predigt im ökumenischen Gottesdienst am Eidgenössischen Bettag in Saas Fee).

Weisst du, dass du andere durch zwei Dinge umgehend beeinflussen kannst?
Setz dich einmal in einen Zug, in ein Wartezimmer oder einen anderen öffentlichen Raum und gähne herzhaft. Ich garantiere dir: Sofort steckst du alle anderen damit an. (Bitte jetzt nicht nachmachen!)
Es gibt aber noch etwas anderes, was ansteckend ist. Wenn du ein fröhliches Gesicht machst. Wenn du deine Freude zeigst! Das steckt andere ebenfalls an.
Unser Thema heute ist: **Drei Dinge, die dich tragen.**
Und genau das ist das Erste, was Dich trägt nach dem Apostel Paulus und nach unserem Evangelium - die **FREUDE.**
Hast du das gewusst? Ein Mensch muss 43 Muskeln bewegen, um finster zu schauen, aber nur 17, um Freude zu zeigen. Sich zu freuen ist also viel weniger anstrengend und hautschonender, als unzufrieden vor sich hin zu blicken. Freude ist damit das beste und preiswerteste Gesichts-Lifting. Und es kostet dich keinen Rappen.
Und Grund zur Freude haben wir doch genug! Denn unser Glaube baut auf dem Evangelium von Jesus Christus auf, zu Deutsch: frohe Botschaft!
Denn Jesus Christus ist doch unser Retter, unser Erlöser. Er schenkt uns ein ewiges Leben, Schon jetzt ist er da für uns. Schritt für Schritt. Tag für Tag. Auch und gerade in deinen Problemen, die du heute in diesen Gottesdienst mitgebracht hast. Und er ist am Wirken für dich.
Ein freudloser Christ ist ein Widerspruch in sich selbst. Er ist wie ein
-fünfeckiger Kreis
-ein schwarzer Schimmel - oder ein einbeiniger Tausendfüssler. Und darum: Lass dich tragen durch die Freude!
Sicher, es gibt Ausnahmesituationen: Da gibt es Zeiten der Trauer, Zeiten, wo dich ein schwerer Schicksalsschlag trifft. Wenn du davon betroffen bist: Das ist was anderes, das sind Ausnahmezeiten. Aber die Grundeinstellung ist bei einem Christen die Freude.
Lasst uns als Christen wieder unser Markenzeichen, die Freude, wiederentdecken!
Darum denke regelmässig darüber nach:
Wann hast du dich zum letzten Mal gefreut?
Wann hat man dich zuletzt angesprochen, warum du so strahlst?

Wann, wo und wie vor allen Dingen, kannst du in der kommenden Woche jeden Tag mindestens einem Menschen eine Freude machen.
Denn die Freude ist das Erste, was dein Leben tragen darf.

Und nun das Zweite:
Der Apostel Paulus sagt: **Betet ohne Unterlass**. Das **GEBET** ist das Zweite.
Moment mal: ohne Unterlass beten! -Wie soll das denn gehen? Ich will doch auch einmal arbeiten. Ich will den Haushalt machen. Ich muss doch auch einmal schlafen?
Was meint darum der Paulus damit: *Betet ohne Unterlass?*
-Ohne Unterlass beten - das heisst: Bete auch dann weiter, wenn andere meinen, dass es keinen oder wenig Sinn zu haben scheint. Denn Gott ist nichts unmöglich. ER hat durch Jesus den Tod überwunden, darum wird er auch für dich eine Lösung finden.
-Ohne Unterlass beten - das heisst, du kannst in jeder Lage beten.
Eine Krankenschwester erklärt einmal einem Patienten, der lange stillliegen muss, das Beten: Jeder Finger bedeutet beim Beten ein Mensch:
-Der Daumen ist einem am nächsten zugewandt. Er erinnert dich daran: Bete für die, die dir in deinem Herzen am nächsten stehen.
-Mit dem zweiten, dem Zeigefinger, bete für alle, die uns was lehren und zeigen sollen, die Lehrer in der Schule und in der Gemeinde.
-Der dritte Finger ist der Längste. Er ragt heraus. Bete für alle, die eine herausragende Stellung in der Gesellschaft und im Staat haben.
-Der vierte Finger ist, wie jeder der Klavier spielt, weiss, der Schwächste. Er steht für die schwächeren Menschen, die in Not sind, leiden oder krank sind, Schmerzen haben.
-Der fünfte kleine Finger steht für uns selbst. Er ist der Kürzeste. Wir sollen nicht glauben, wir kämen vor Gott zu kurz. Das ist ein praktischer Vorschlag an den Fingern deiner Hand entlang zu beten.
-Ohne Unterlass beten – das heisst noch etwas ganz Wichtiges. Paulus sagt an einer anderen Stelle: Gottes Geist, Gott selbst betet in uns und für uns: Wenn wir im Bibeltext aufgefordert werden, ohne Unterlass zu beten, dürfen wir wissen: Es betet schon in uns, unaufhörlich – immer - ohne Unterlass betet es. Gott betet in dir. Jeden Tag, jede Sekunde tut er das. Das ist gut zu wissen. Das ist zutiefst tröstlich. Gerade, wenn dir die Worte fehlen und du nicht weiter weisst. Vielleicht geht es dir gerade so, dann darfst du wissen: Gott betet in dir.
-Ohne Unterlass beten heisst schliesslich: Sei immer hörbereit, was Gott dir sagen will.
Wie könnte Gott dir heute auf eine deiner Fragen antworten?
Zum Beispiel durch ein bestimmtes Bibelwort.
Oder es kann auch sein, dass sich eine unerwartete Möglichkeit auftut.
Oder Gott schickt dir ermutigende Gedanken.
Oder jemand ändert überraschend seine Meinung, seine Haltung zu dir. Alles das kann Teil von Gottes Antwort sein.

Drei Dinge, die dich tragen- das ist unser heutiges Thema.
Paulus nennt uns die Freude. Er nennt uns das Gebet.

Und nun gibt es noch etwas Drittes. Es ist der **Dank**.
Viele Menschen machen sich ständig eine Liste, was für sie nicht stimmt in ihrem Leben: der Staat, die Politiker, ihre Mitmenschen, das Essen, das Wetter, dass es zu heiss ist oder zu kalt, was auch immer. Mach das anders. Mache dir eine Gegenliste: Schreib dir regelmässig auf, was alles stimmt in deinem Leben.
Stelle dir regelmässig folgende drei Fragen:
Welche Gründe zum Danken habe ich im Blick auf mein Leben?
Welche Gründe zum Danken habe ich im Blick auf Menschen, die mir Nahestehen?
Vor allem: Welche Gründe zum Danken habe ich im Blick auf Gott?
Unser Thema heute ist: **Drei Dinge, die dich tragen.** Du hast sie gehört. Es sind: **Freude. Gebet. Dank**. Lass dich von diesen drei Dingen wirklich tragen.
Dass du dies selbst immer erfährst, tust und erlebst - das wünsche ich Dir, euch, uns allen von ganzem Herzen. Amen.

„Worauf du dich verlassen kannst.“ Hebräer 13,8 (Jahreswende):

Jesus Christus ist derselbe, gestern, heute, in Ewigkeit.

Stellst du das auch fest? So vieles verändert sich. So viel ist in Bewegung.
Zum Beispiel bei uns in Visp.
-Neue Häuser entstehen. Gerade hier neben unserer Kirche.
Oder ich habe es selbst erlebt:
-Neue Vorfahrtsregeln werden eingeführt: zB in der Kleegärtenstrasse. So viel hat gefehlt und ich hätte letzte Woche mit meinem Auto unfreiwillig dort aufs Neue Jahr angestossen. Ich weiss nicht wie es dir geht. Da ist mir Anstossen mit Sekt lieber.
Doch du siehst: Da muss man schon aufpassen bei all den Veränderungen. Und vielleicht hast auch DU selbst in den vergangenen 12 Monaten Veränderungen erfahren.
Da fragt es sich:
Gibt es da etwas Bleibendes, einen Fixpunkt? Etwas, woran du dich festhalten kannst? Unser Thema lautet doch: **Worauf du dich verlassen kannst**
Und die Antwort ist: Jesus Christus. Auf IHN kannst du dich verlassen. *Denn ER ist derselbe, gestern, heute und in Ewigkeit.*

Unser Bibelvers sagt: Jesus Christus ist erstens derselbe **GESTERN.** Das ist der erste Punkt.
Schauen wir mit Jesus Christus zurück auf die Vergangenheit.
-Wo hast du im Rückblick Anlass zum Danken, wenn du auf das zu Ende gehende Jahr zurückschaust.
-Wo hat der Herr dich getragen?
-Wo hat ER dich geschützt und bewahrt?
-Wo hat ER dir zB einen Menschen geschickt, der dir geholfen hat?!
Hat es in diesem Jahr bei dir so jemanden gegeben?

Ich habe hier eine besondere Karte.
Darauf steht sinngemäss: „Ohne dich wäre diese Welt viel ärmer.“ Und auf der Rückseite liest man:
„Es gibt Menschen, die sind wie ein Geschenk des Himmels. Sie sind einmalig und es ist einfach nur gut, dass sie da sind.“

Du erhältst diese Karte nach der Predigt.
Überlege dir: WEM kannst du diese Karte verschicken,
in den Briefkasten werfen, persönlich geben?

Und eins kannst du ebenfalls tun:
-Danke besonders auch dafür, wie der Herr schwierige Situationen in der Vergangenheit für dich genutzt hat:
-um deine Persönlichkeit zu formen
-um deinen Glauben zu stärken
Jesus Christus war dein ständiger Begleiter Er hat dich und mich durch dieses Jahr hindurchgebracht. Darauf konntest du dich verlassen.

UND: *Jesus Christus ist derselbe, gestern und* **ebenso HEUTE.** Das ist das ZWEITE. Lass uns darum jetzt auf das HEUTE schauen!
(Anmerkung: Ich halte einen Altkleidersack hoch).
Fällt dir das auch oft so schwer wie mir?- Alte Kleider in solch einen Sack hineinzustecken und abzugeben?
Doch hinterher bin ich froh, dass ich Platz in meinem Kleiderschrank habe. Gerade HEUTE am Ende des Jahres ist ein idealer Zeitpunkt, dies auch im übertragenen Sinne zu tun: alte Kleider ablegen. Welche können das sein?

-Leg ab zB die unberechtigten Sorgenkleider. *Sorgt euch nicht,* sagt Jesus ausdrücklich in der Bergpredigt. Gib IHM deine Sorgen bewusst in seine Hände.

-Leg ab zudem die Kleider des Nachtragens. Neulich lese ich den Satz: „Vergebung ist die Antwort auf fast alle Probleme." Darum lehrt uns Jesus: *Vergib uns unsere Schuld, wie auch wir vergeben unseren Schuldigern.* Nimm das 1:1!

-Lege zudem die Kleider des einengenden Denkens ab.
Gerade das ist auch bei den Empfängern des Hebräerbriefs ein Problem. Sie plagen sich mit rituellen Speisevorschriften. Sie haben einen engen Blick auf Gott und ihr Leben. Bei dir darf es anders sein. Darum beginne noch heute mit einer befreienden Altkleidersammlung. Und mach dann folgendes:
Füll den freigewordenen Raum bei dir. Füll ihn heute mit hilfreichen Dingen.
Bitte den Herrn heute gezielt um Folgendes:
-Bitte um Geduld
Ich weiss nicht - sieht man mir es an? Meine Vorfahren grossmütterlicherseits sind Steinmetze. Sie hatten einen Steinbruch.
Hast du schon einmal einen Steinhauer bei der Arbeit beobachtet? Er schlägt vielleicht hundertmal auf die gleiche Stelle, ohne dass auch nur der kleinste Riss zu sehen ist. Aber dann, beim 101. Schlag, springt der Stein plötzlich entzwei. Es ist jedoch nicht dieser eine Schlag, der den Erfolg bringt, sondern die hundert die ihm vorhergingen.
Bitte Jesus heute genau um diese Geduld. Bitte ihn um Geduld, an positiven Vorhaben bewusst dran zu bleiben.
-Bitte zudem um Entschlossenheit.

Stell dir vor: drei Frösche sitzen auf einem Ast, der über einem See hängt. Einer der Frösche, der mutigste, entscheidet sich zu springen.
Frage: Wie viele Frösche sitzen jetzt noch auf dem Ast? ---Die Antwort ist: drei. Du hast richtig gehört.
Denn der mutigste Frosch hat sich zwar entschieden zu springen. Doch das heisst noch lange nicht, dass er auch tatsächlich gesprungen ist! Und darum ist die Frage:
- Gibt es in deinem Leben Situationen, in denen du endlich einmal springen, endlich einmal entschlossen handeln solltest? Praktisch, nicht nur in Gedanken? Bitte den Herrn darum um Entschlossenheit.
-Bitte schliesslich um die Bereitschaft zum Wachsen!
Kennst du das Prinzip der Bonsai-Pflanzenzucht? Der Bonsai-Baum könnte sehr gross sein, doch weil seine Wurzeln und Äste ständig zurückgeschnitten werden, entsteht ein Zwergbaum. Ich habe auch so einen kleinen Bonsai zu Hause. Er ist schön anzuschauen. Ich freue mich über ihn.
Nur bei uns Menschen hat sich Jesus das anders gedacht. Du sollst kein Bonsai, sondern ein geistlicher Mammutbaum werden. Ein Baum, der Gottes Früchte tragen will! Ein Baum, der zeigen darf, was in ihm steckt.
Geh einmal dein Leben durch. Wo ist da bei dir Wachstumspotential?
Einigen von euch habe ich es schon erzählt: Im letzten Oktober hat jemand in Frankreich mit 96 Jahren sein Ingenieursdiplom gemacht.
Schmunzelnd hat er gesagt: „Jetzt, wo ich mein Diplom habe, fang ich an zu arbeiten." Mit 96 Jahren hat jemand gezeigt, was noch alles in ihm steckt - und wie ist das bei dir?
Egal, wie alt du bist: Bitte Gott immer um die Bereitschaft zu wachsen.

Wünschst du dir das manchmal auch? Eine Möglichkeit weit nach vorne schauen zu können? Eine Art „Zukunftsfernglas"? Um zu wissen, was im neuen Jahr auf dich zu kommt? Einer kann das für dich tun. Jesus Christus! ER kann für dich nach vorne schauen.
Denn ER ist derselbe, erstens gestern, zweitens heute**.**
Und eben drittens: Auch **IN ZUKUNFT!** Ja, auch in Ewigkeit!
Vielleicht kennst du Sprüche wie diese:
-„Auf nichts ist Verlass."
-„Was schief gehen kann, geht schief."
-„Wenn es mehrere schlechte Möglichkeiten gibt, tritt immer die schlimmste ein."
So brauchst du als Christ wirklich nicht zu denken.
Unterbrich darum solche negativen Gedankenketten und verknüpfe sie mit Gottes Möglichkeiten. Nicht jammern und klagen. Sondern anpacken und deinem Herrn und Gott folgen, das darf deine Einstellung für die ZUKUNFT sein. Hast du das auch schon festgestellt?
Wir Menschen stellen Gott viele Fragen. -Du fragst zB:
„Herr, wieso lässt du das zu? Wieso legst du mir so viele Lasten auf?

Warum habe gerade ich solche Probleme?
Wie lange kann ich noch durchhalten?
Siehst du nicht, dass ich nicht mehr weiter weiss?“
Solche und ähnliche Fragen stellen wir Menschen an Gott.
Aber der Herr stellt dir nur eine einzige Gegen-Frage.
Die lautet: „Vertraust du mir?“ Das ist der Punkt!
Unser Thema heute lautet: **Worauf du dich verlassen kannst.**
Verlass dich voll auf den HERRN.
Denn wenn er durch seine Auferstehung sogar die Ewigkeit für dich aufgeschlossen hat - was kann dir dann noch passieren?

Überlass darum IHM deine Zukunft!
Denn mit Ihm kannst du auch die allerschwierigsten Situationen angehen.
Denn *Jesus Christus ist derselbe, gestern, heute, in Ewigkeit.* Daran lasst uns denken. Daran lasst uns festhalten. So lasst uns vorwärtsgehen. Amen.

Printed by Books on Demand GmbH, Norderstedt / Germany